최신
개정

다락원
중국어
마스터

박정구·백은희 공저

STEP 1

다락원

들어가는 말

여러분은 어떤 이유로 중국어를 배우게 되었나요? 여러분이 중국어를 배우는 동기는 다양하겠지만, 하나의 공통된 목표를 가지고 있을 것입니다. 중국어를 재미있고 효과적으로 잘 배우고 싶다는 것.

중국어가 기타 외국어와 다른 독특한 특징은 중국어를 배우는 데 있어서 핵심적 요소이며, 가장 흥미 있는 부분입니다. 예를 들어 볼까요? 중국어는 운율 언어입니다. 성조(음의 높낮이)를 갖고 있고 강약과 템포가 살아 있는 언어라는 말입니다. 이 운율이 있는 언어를 배우는 과정은 학습자에게 큰 즐거움을 느끼게 합니다. 또한, 중국어 문장은 매우 간결합니다. 한두 개의 한자가 하나의 단어를 이루고, 문법 특징이 간결하며 시제·일치·성(性)·수(數) 등과 같은 복잡한 표현이 없습니다. 따라서 학습에 있어서도 간결하고 핵심적인 이해만을 요구합니다.

이제까지 한국 학생들이 많이 찾은 중국어 책은 중국에서 출판되고 한국에서 번역된 것이 대부분입니다. 그 책들은 대부분 중국인의 시각에서 쓰여졌기 때문에 한국 학생들의 가려운 부분을 시원하게 긁어 주지 못하는 면이 많습니다. 본 서는 한국인의 입장에서 효율적이고 흥미롭게 중국어를 배울 수 있는 구성과 체제를 갖추고, 의사소통 능력 습득이라는 외국어 학습의 목표를 최대한 실현하려 노력했습니다. 리듬감 있는 중국어의 운율을 살리는 낭독 연습과 중요한 사항을 명확하게 알려주는 팁, 간결하고 명쾌한 문법 설명 등을 적소에 배치하였고, 스토리의 구성과 내용에서도 흥미를 줄 수 있고 생동감 있는 필수 회화 표현을 넣었습니다. 또한 워크북을 따로 두어 예습과 복습을 통해 언어능력을 확고히 다질 수 있도록 했습니다.

처음 본 서 제1판이 출판된 이후 지금까지 10년 가까운 시간이 흘렀습니다. 10년이면 강산이 변한다고 했듯이 그동안 한국과 중국은 사람들의 의식뿐만 아니라, 사회·문화·경제적으로 많은 변화를 겪었습니다. 이러한 변화는 언어의 내용과 형식에 반영되기 마련이므로, 이를 최대한 반영하고 구성과 내용을 새롭게 단장하여 개정판을 출판합니다. 앞으로 본 서와 함께하는 여러분의 중국어 학습 여정이 항상 즐겁고 유쾌하길 바라고, 그 과정에서 여러분의 중국어도 끊임없는 발전이 있길 기대합니다.

박정구 백은희

이 책의 구성과 활용법

본책

단어 시작이 반이다

각 과의 새 단어가 빠짐 없이 제시되어 있습니다.
'哪 nǎ 어느', '国 guó 나라', '人 rén 사람'과 같은 단어뿐 아니라 '哪国人 nǎ guó rén 어느 나라 사람'과 같이 각각의 단어가 결합된 형식까지 실었고, 비슷한 주제의 단어끼리 배치해 회화를 배우기 전에 더욱 효과적으로 단어를 학습할 수 있도록 했습니다.

문장 리듬을 만나다

중국어는 강약과 템포가 살아 있는 운율 언어입니다.
'문장, 리듬을 만나다'에서는 각 과의 주요 문장을 챈트(chant) 형식으로 배우며 중국어의 운율을 살려 리듬감 있게 낭독할 수 있도록 했습니다. 각 문장의 구조에 따라 강조하여 읽는 부분과 끊어 읽는 부분을 표시 하였습니다. 또한 단어에서 문장으로 확장해 가며 연습하도록 되어 있어 자연스럽게 반복 연습하며 문장 구조를 익힐 수 있습니다.

회화 내 입에서 춤추다

자연스러운 베이징식 구어 표현과 실용 회화를 배울 수 있는 핵심 본문입니다. 본문 내용이 연상되는 삽화와 함께 학습할 수 있도록 하였고 본문 하단의 '아하! 그렇구나'에는 난해한 표현들을 쉽게 이해할 수 있도록 주석을 제시했습니다.

어법 회화에 날개를 달다

기초 회화에서 다루어야 할 어법 사항들을 간결한 설명, 풍부한 예문과 함께 제시하여 학습자들이 쉽게 이해할 수 있도록 했습니다. 또한 배운 어법 내용을 바로 습득할 수 있는 확인 문제들이 제시되어 있습니다.

표현 가지를 치다

각 과의 핵심이 되는 주요 문장으로 교체 연습을 할 수 있는 코너입니다. 줄기에서 여러 개의 가지가 자라듯 기본 문장과 교체 단어를 이용해 여러 표현으로 말하는 연습을 할 수 있습니다.

연습 실력이 늘다

각 과에서 배운 핵심 표현을 이해하고 연습할 수 있는 듣기·말하기·읽기·쓰기의 다양한 문제들이 제시되어 있습니다. 그중에서도 특히 듣기와 말하기 기능을 집중적으로 훈련할 수 있도록 했습니다.

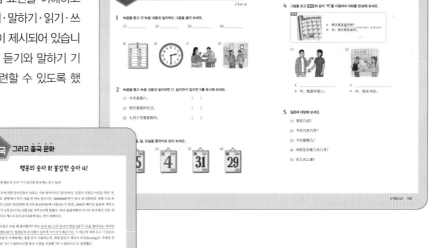

중국 그리고 중국 문화

각 과의 학습 주제와 관련된 중국의 상황이나 문화 이야기가 생생한 사진과 함께 제시되어 있습니다.

워크북

예습하기

수업에 들어가기 앞서 본문에서 나오는 단어를 써 보며 예습하는 코너입니다. 간체자인 글자는 번체자를 함께 제시하여 한자가 어떻게 간화(简化)되었는지도 파악할 수 있고, 여러 번 쓰는 연습 과정을 통해 쉽게 단어를 암기할 수 있습니다.

연습하기

듣기와 쓰기 연습을 한번에 할 수 있는 코너입니다. 녹음을 듣고 성조 체크, 문장 받아쓰기를 하며 자연스럽게 듣기 능력을 향상시키고 문장을 반복 연습할 수 있습니다.

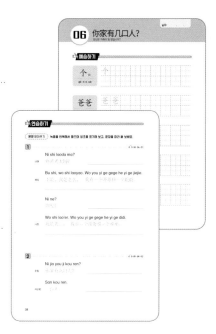

복습하기

어법 압축 파일

본책에서 배웠던 어법 내용을 스스로 정리하고 간단한 어법 확인 문제로 완벽하게 기본 어법을 다질 수 있습니다.

확인! 쪽지 시험

쪽지 시험을 통해 단어·듣기·어법·독해·작문 실력을 골고루 향상시킬 수 있습니다.

* 워크북의 정답 및 녹음 대본은 다락원 홈페이지(www.darakwon.co.kr)의 '학습자료 ▶ 중국어'에서 다운로드할 수 있습니다.

MP3 다운로드

* 녹음 해당 부분에 MP3 트랙 번호가 기재되어 있습니다.
  [본책] 🎧 05-03 [워크북] 🎧 W-05-03

* 교재의 MP3 음원은 '다락원 홈페이지(www.darakwon.co.kr)'를 통해서 무료로 다운로드할 수 있습니다.

* 스마트폰으로 QR코드를 스캔하면 MP3 다운로드 및 실시간 재생 가능한 페이지로 바로 연결됩니다.

차례

	주요 표현	학습 목표	어법 포인트	중국 그리고 중국 문화
01	**爸爸妈妈** bàba māma 아빠 엄마			19
		• 한어병음의 이해 • 중국어의 성조 구분 • 단운모와 성모 발음	• a o e i(-i) u ü • b p m f d t n l • g k h j q x • z c s zh ch sh r	• 중국은 어떤 나라일까?
02	**你好!** Nǐ hǎo! 안녕하세요!			31
	• 你好! • 再见! • 谢谢! • 对不起!	• a, o, e로 시작하는 운모 발음 • 중국어의 기본 인사 표현	• ai ao ei ou • an en ang eng ong	• 중국의 언어는 몇 가지 일까?
03	**你最近怎么样?** Nǐ zuìjìn zěnmeyàng? 요즘 어떻습니까?			43
	• 你最近怎么样? • 还可以。 • 你身体好吗? • 我也很好。	• i, ü로 시작하는 운모 발음 • 안부를 묻고 대답하는 표현	• ia ie iao iou(iu) • ian in iang ing iong • üe üan ün	• "니하오!" 외에 다른 인 사말은?
04	**您贵姓?** Nín guì xìng? 당신의 성은 무엇입니까?			55
	• 您贵姓? • 你叫什么名字? • 他是谁? • 他姓什么?	• u로 시작하는 운모 발음 • er화 • 이름을 묻고 답하는 표현	• ua uo uai uei(ui) • uan uen(un) uang ueng • er	• 중국에는 어느 성씨가 제일 많을까?
05	**你是哪国人?** Nǐ shì nǎ guó rén? 당신은 어느 나라 사람입니까?			67
	• 你是哪国人? • 我是中国人。 • 你做什么工作? • 我在银行工作。	• 신분을 묻고 답하는 표현 • 장소를 나타내는 표현	• 是자문 • 개사 在 • 인칭대사	• 주요 지역별 중국인의 특성은?

다락원 중국어 마스터 시리즈의 특징

국내 최고 교수진의 다년간의 교수 경험을 바탕으로 개발된, 한국인을 위한 중국어 학습 교재의 결정체 『다락원 중국어 마스터』의 최신개정판! 기존의 『다락원 중국어 마스터』의 특장점은 유지하면서 시대의 흐름과 변화를 반영했고, 학습자의 눈높이에 맞춰 새단장했습니다.

특징 1 듣기와 말하기 기능을 집중적으로 훈련

『최신개정 다락원 중국어 마스터』 시리즈는 변화하는 중국어 학습 환경과 학습법을 효과적으로 접목시켜, 말하기·듣기·읽기·쓰기의 네 가지 언어 기능을 통합적으로 습득할 수 있도록 구성했습니다. 특히 듣기와 말하기 기능을 집중 훈련할 수 있도록 본문 전체에 걸쳐 다양한 장치를 두었으며, 자연스러운 베이징식 구어 표현을 최대한 담았습니다.

특징 2 일상생활에 바로 활용할 수 있도록 실용성 강조

배운 문장을 실생활에 바로 사용할 수 있도록 '실용성'에 비중을 두고 집필했습니다. 즉 일상생활·학습·교제 등에 직접적으로 연관되는 내용을 중심으로 본문이 구성되었으며, 어법 설명의 예문이나 연습문제 역시 일상 회화표현 중에서 엄선했습니다. 본문의 어휘는 중국인이 많이 사용하는 빈도수를 최대한 고려하여 배치했습니다.

특징 3 한국인을 대상으로 하는, 강의에 적합한 교재로 개발

학습자들의 언어 환경이 한국어인 점을 고려하여 듣고 말하기를 충분히 반복하고 응용할 수 있는 코너를 다양하게 두었습니다. 또한 어법을 난이도에 따라 배치하고, 앞에서 학습한 어휘와 어법을 뒷과에서 반복하여 등장시킴으로써 학습자들이 무의식중에 자연스럽게 앞서 배운 내용을 복습할 수 있도록 했습니다.

다락원 중국어 마스터 시리즈의 **어법 및 표현 정리**

★ 중국어 입문부터 시작하여 고급중국어를 구사하기까지 학습자의 든든한 멘토가 되어 줄 『최신개정 다락원 중국어 마스터』! STEP 1부터 STEP 6까지 총 6단계의 시리즈를 통해 배우게 될 주요 어법 및 표현을 예문과 함께 정리했습니다.

STEP 1

01과
- a o e i(-i) u ü
- b p m f d t n l
- g k h j q x
- z c s zh ch sh r

02과
- ai ao ei ou
- an en ang eng ong

03과
- ia ie iao iou(iu)
- ian in iang ing iong
- üe üan ün

04과
- ua uo uai uei(ui)
- uan uen(un) uang ueng
- er

05과
- 是자문   我是中国人。
- 개사 在   我在银行工作。
- 인칭대사   我 / 你 / 他

06과
- 중국어 숫자 표현   一 / 二 / 三……
- 양사   一个妹妹
- 有자문   我有弟弟。
- 나이를 묻는 표현   你今年几岁?
- 多+형용사   你今年多大?

07과
- 시각의 표현   2:05 → 两点五分
- 년, 월, 일, 요일 표현   今年 / 下个月 / 星期一
- 명사술어문   现在不是三点十分。
- 조사 吧   他有弟弟吧?

09과
- 런민삐 읽는 방법   2.22元 → 两块二毛二
- 정반(正反)의문문   有没有别的颜色的?
- 조동사   我要学汉语。

10과
- 시태조사 过   他没来过我家。
- 조동사 会, 想   我会做中国菜。/ 我想去中国。
- 연동문   我们一起去玩儿吧。

11과
- 겸어문   你请他打电话吧!
- 개사 给   我想给他买一本书。

12과
- 방위사   前边有一个公园。
- 존재문(有, 在, 是)   我家后边有一个银行。

13과
- 比 비교문   今天比昨天热。
- 감탄문   这件衣服真漂亮啊!
- 不用   不用客气!
- 听说   听说她很漂亮。

14과
- 선택의문문   你要这个还是那个?
- 개사 离   我家离这儿很远。
- 从A到B   我从八点到十二点上课。
- 如果   如果你来韩国, 我一定带你去。

11

01과
- 시태조사 了　这个学期你选了几门课?
- 시량보어　我每天学习五六个小时。

02과
- 상태보어　我忙得没有时间吃饭。
- 동사의 중첩　我也想学学。
- 동작의 진행　他们正在练太极拳。

03과
- 결과보어　菜已经准备好了。
- 어기조사 了　时间不早了。
- 就要……了/快(要)……了
  就要到星期六了。/ 快要到火车站了。

04과
- 주술술어문　我身体很好。
- 동량보어　这药一天吃几次?
- 有(一)点儿/(一)点儿　他今天有点儿不高兴。

05과
- 시태조사 着　他手里拿着一本书。
- 반어문　这是你的吗?

06과
- 부정사 没(有)　怎么没坐地铁?
- 정도보어　今天热死了。
- 就 / 才
  昨天我十点就睡了,我姐姐十二点才睡。

07과
- 비교수량보어　速度比以前快两倍。
- 得 / 不用　明天你得来找我。
- 除了……(以外)
  除了雨林、娜贤,赵亮也喜欢画画儿。

09과
- 동사+在/到+명사
  他住在公司宿舍。/ 他们要待到明年。
- 겸어동사　我让他住在公司宿舍。
- 一点儿也不　行李一点儿也不重。

10과
- 방향보어 1-단순방향보어　你快跑去拿吧。
- 又……又……
  带着这么多钱,又不方便又不安全。
- 只要……就……　只要有银行卡就行。

11과
- 형용사 중첩　红红的花 / 绿绿的树
- 존현문　桌子上放着一本书。

12과
- 방향보어 2-복합방향보어　我马上把行李送上去。
- 把자문　我把行李整理好就去。

13과
- 가능보어　我们从这儿上车,过得去吗?
- 是……的　你是什么时候来的韩国?

14과
- 被자문　那本书被他借走了。
- 舍不得　我舍不得离开中国。

01과
- 一会儿
  你坐下休息一会儿吧!
- 以为
  人们以前都以为地球才是宇宙的中心。
- 虽然……,但是……
  虽然我的房间不大,但是很干净、很整齐。
- 为了
  为了能赶上火车,他一大早就出门了。
- 因为……,所以……
  因为今天天气很冷,所以我穿了不少。
- 一边……,一边……
  我们一边工作,一边学习。

02과
- 已经……了　他已经去中国了。
- 比……多了　我比你累多了。
- ……了……就　下了班就去上课。
- 不是……吗?　你不是快要回国了吗?

- **或者……，或者……**
  或者在家看电视，或者出去和朋友们一起玩儿。
- **有时……，有时……**
  这儿的天气真奇怪，有时冷，有时热。

03과
- **什么！** 看电影，哭什么！
- **可** 我可没说过我喜欢你呀！
- **光** 我们光谈学校生活了，没谈别的。
- **起来** 看起来，你这个学期也并不轻松。
- **不管** 不管刮风还是下雨，我们都要去。

04과
- **没有……那么/这么……**
  我打得没有你那么好。
- **等** 等他来了再说吧。
- **咱们** 咱们打一场，怎么样？
- **A不如B** 我的汉语不如他好。
- **因此**
  我跟他在一起十年了，因此很了解他的性格。

05과
- **看上去** 叔叔、阿姨看上去很慈祥。
- **出来** 我听出来了，他是东北人。
- **……是……，不过……**
  我们外表像是像，不过性格完全不同。
- **却** 我学了三年汉语，水平却不高。
- **一……，就……**
  天气一冷，我就不想出去。

06과
- **双** 给我拿双42号的试一试。
- **不怎么** 我不怎么喜欢这种款式的。
- **打……折** 原价400元，打八折，现价320元。
- **稍微** 这张桌子比那张桌子稍微大一些。
- **上** 为什么这么多人都会喜欢上他呢？

08과
- **谁都** 谁都知道，这是垃圾食品。
- **连……都……** 我连菜谱都能背下来了。
- **既然** 既然你病了，就在家里休息吧。
- **……什么，……什么** 你吃什么，我就吃什么
- **起来** 现在是午餐时间，人开始多起来了。

09과
- **不但不/没……，反而……**
  不但没好，病情反而更加严重了。
- **再……也……**
  再忙也不能不顾身体呀！
- **不然……**
  最好住院，不然病情很有可能恶化。
- **对……进行……**
  他对中国文化进行了十年的研究。
- **只好** 外边下雨，我们只好待在家里。

10과
- **正要** 真是太巧了，我正要给你打电话呢。
- **怎么也** 这个箱子太重了，怎么也搬不动。
- **万一/如果**
  万一他关机，我跟他联系不上，可怎么办？
- **来着**
  我们昨天见的那个中国人，叫什么名字来着？
- **到时候** 到时候，我们不见不散。

11과
- **偏偏**
  这个时间车堵得很厉害，可他偏偏要开车去。
- **不但……，而且……**
  她不但长得很漂亮，而且很聪明。
- **可……了** 哎哟，这可糟了，坐过站了。
- **该** 现在我们该怎么办呢？
- **就是……，也……** 就是堵车，我也坐公交车。

12과
- **往** 这列火车开往北京。
- **按照** 按照规定一个星期就能到。
- **说不定** 他发烧了，说不定明天不能来上课。
- **既……，也……** 这件衣服既很漂亮，也很便宜。
- **正好** 你来得正好。

13과
- **多** 他已经三十多岁了。
- **不是……，就是……**
  我每天不是学校就是宿舍，没去过什么地方。
- **没……什么……** 今天我上街，没买什么。
- **顺便** 如果顺便去趟上海，恐怕要八九天。
- **与其……，不如……**
  与其在这儿等，不如去找他。

01과

- **要么……，要么……**
  我俩要么去看电影，要么去旅行，可有意思啦！

- **好**
  平时书包里放把雨伞，下雨的时候好用。

- **A就A(吧)**
  他不高兴就不高兴吧，我也没办法。

- **只有……才……**
  只有他来才能解决这个问题。

- **就**
  别人都有了自己的心上人，就我还是孤单一人。

02과

- **显得……**　他今天显得特别高兴。

- **是不是**　是不是他告诉你的?

- **不妨**　你跟我们一起去也不妨。

- **着呢**　小明新烫的发型漂亮着呢。

- **要不**
  这倒也是，天气越来越热，要不我也剪个短发?

03과

- **……来……去**
  我问来问去，不知不觉就学会修理了。

- **有+명사+동사**
  他有能力解决这个问题。

- **到底**
  你的电脑到底有什么问题?

- **好不容易**
  去了好几家书店好不容易才买到那本书。

- **非得……不可**
  以后电脑出了故障，非得找你不可啦。

04과

- **동목이합사**　我们见过一次面。

- **连A带B**　连钱包带护照都丢了。

- **除非……，否则……**
  除非他来请我，否则我不会去的。

- **倒是……，只是……**
  他倒是很善良，只是没有勇气。

- **이중목적어문**　能不能借我点儿钱?

05과

- **表示……**
  我早就想对你们的帮助表示感谢。

- **以A为B**
  在我心中早就以北京为我的第二故乡了。

- **以便**
  我们应该提前通知大家，以便大家做好准备。

- **人家**
  你让我休息一会儿吧，人家都要累死了。

- **동사+下**
  这个书包能装下这些词典。

06과

- **又**　天气预报又不是那么准。

- **从来**　这种事我从来没听说过。

- **从……起**　从下周起放暑假。

- **以防**
  从今天起我得在书包里放一把小雨伞，以防万一。

- **差点儿**　我差点儿把钱包丢了。

08과

- **기간+没/不……**
  两个月没见，你怎么发福了?

- **……也好，……也好**
  跑步也好，爬山也好，多做一些有氧运动吧。

- **……下去**
  你再这样胖下去，可不行。

- **必须**
  你必须改变一下你的饮食习惯。

- **尽量**
  晚饭不要吃得太晚，尽量少吃零食。

09과

- **竟然**
  他学习那么认真，没想到竟然没考上大学。

- **동사+着**
  说着中国菜，肚子还真有点儿饿。

- **往**
  请大家往右看，那家就是北京书店。

- **동사+成**
  云能变成雨，所以天上有云才会下雨。

- **够……的**
  今年北京的夏天可真够热的。

10과

- **비술어성 형용사**
显示屏不小，也很薄，是新型的吧？

- **随着**
人们的思想随着社会的变化而变化。

- **嘛**
有手机就可以坐车，也可以买东西嘛。

- **别提……**
拍出的照片别提多清晰了！

- **难道** 难道你想和我的距离变远吗？

11과

- **哪怕……，也……**
哪怕没看过的人，也都知道《大长今》这个韩剧。

- **就**
参加这次活动的人不少，光我们班就有八个。

- **上下**
听说土耳其的收视率在95%上下。

- **在……上**
在这个问题上，我同意他的意见。

- **值得** 汉江公园值得一去。

12과

- **肯……** 不知你是否肯去银行工作？

- **宁可A也不B**
宁可少挣点儿去贸易公司，也不想去银行。

- **任何**
任何事都不能强求。

- **何必……呢？**
你肯定能找到好工作，何必这么谦虚呢？

- **只不过……罢了**
上次只不过是运气不好不罢了。

13과

- **以来**
今年年初以来，我已经去过中国六次了。

- **再……不过了**
那可再好不过了。

- **难得**
难得你为我想得那么周到，真太谢谢你了。

- **……过来**
把"福"字倒过来贴。

- **不是A，而是B**
他说的那个人不是雨林，而是我。

01과

- **先……，然后……**
你等着，我先看，然后再给你看。

- **经** 他的小说是经我翻译出版的。

- **没少** 北京市这些年可没少盖房。

- **尽管** 如果你需要，尽管拿去用吧。

02과

- **跟……相比**
样子跟乌龙茶相比，尖尖的、怪怪的。

- **还是**
今天有点儿热，我们还是喝冰咖啡吧。

- **동사+个+형용사/동사**
大家不仅要"吃个饱"，还要"喝个够"。

- **不……不……也得……吧**
这盒巧克力是女朋友给我买的，不吃不吃也得尝一口吧。

03과

- **少说也** 我戴眼镜，少说也有十年了。

- **양사(量词)의 중첩** 道道菜都精致、可口。

- **……惯** 很多韩国人都吃不惯香菜。

- **什么……不……的**
什么时髦不时髦的，衣服能穿就行了。

04과

- **从……来看** 从这一点来看，他的看法有问题。

- **不见得** 通过血型不见得就能断定一个人的性格。

- **说不定**
你以为他不对，但说不定他说得没错。

- **反而……**
他见到我，不但不高兴，反而向我发脾气。

05과

- **……不得了**
没想到，你对汉妮真的爱得不得了。

- **被……所**
老师深深地被这些学生所感动。

- **省得** 多穿点儿衣服，省得感冒。

- **这不**
他们俩好像吵架了，这不，他们一前一后地走着，一句话也不说。

15

07과

- **在……看来**

  在他看来，这件事不应该这么办。

- **在于……**

  我觉得"美"并不在于一个人的外貌。

- **长……短……**

  有些人只重视外表，每天长打扮短打扮的，却很少注重内心的修养。

- **莫非** 莫非我听错了不成?

08과

- **趁……**

  日子就订在国庆节，趁放长假正好去度蜜月。

- **……齐**

  电视、冰箱、洗衣机这"三大件"都买齐了?

- **少不了**

  结婚那少不了彩车、酒席和摄像。

- **别说A，就(是)B也／都**

  我到现在一直忙工作，别说早饭，就是午饭也没顾得上吃。

09과

- **……来** 他今天走了六里来路。

- **형용사+비교 대상** 他小马玲两岁。

- **该多……啊**

  如果你不离开这儿该多好哇!

- **……吧……，……吧……**

  在家吧，一个人没意思，出去玩儿吧，外边又太冷。

10과

- **一……比一……**

  雨一阵比一阵大，我们快走吧。

- **对……来说**

  对韩国人来说，过年的时候互相拜年是必不可少的活动。

- **每**

  每到春节，我都回家乡。

- **至于……**

  他们离婚了，至于他们为什么离婚，谁也不知道。

11과

- **多+동사+비교 수량**

  我觉得中国男人比韩国男人多做不少家务。

- **再……也……**

  你再怎么劝，他也不会听的。

- **否则……**

  我们有家务一起干，否则会很容易引起家庭矛盾。

- **一来……，二来……**

  他每天放学后，都会去打工。一来是为了挣点儿钱，二来是为了开阔眼界。

STEP 6

01과

- **直**

  听了孩子说的这些话，我直想哭。

- **甚至**

  他抓紧一切时间写作，甚至连放假期间都不肯休息。

- **一旦……(就)**

  人们都认为一旦名字没起好就会影响人一生的命运。

- **于**

  青藏高原位于中国的西南部。

02과

- **所谓……**

  所谓"炎黄"就是指炎帝和黄帝。

- **好比**

  这就好比韩国的"檀君神话"。

- **……下来**

  这是韩国自古流传下来的神话。

- **之所以……**

  他之所以跳槽，是因为跟科长合不来。

03과

- **还……呢**

  你还中国通呢，怎么连这都不知道?

- **各有各的……**

  看起来，每个国家都各有各的特色。

- **受……**

  受领导宠信或重用的人叫"红人"等等。

- **则**

  说起来容易，做起来则没那么容易。

04과

- **要A有A，要B有B**

  我女朋友要外貌有外貌，要人品有人品。

- **再说**

  再说男人和女人的眼光不一样。

- 未必……
  男人觉得漂亮的，女人未必就喜欢。
- 不至于……
  不至于有这么多讲究吧。

05과
- 由
  京剧中的女主角都是由男人扮演的。
- 为(了)……起见
  为了保险起见，我还特意在网上订了两张票。
- 用以
  他举了几个例子，用以证明他的观点。
- 使得
  其动作之敏捷，使得观众无不为之惊叹、喝彩。

07과
- 在……下
  这篇论文是在朴教授的指导下完成的。
- ……就是了
  少林寺诵经拜佛就是了，为什么还练武术？
- 一肚子
  他一肚子火没地方发。
- ……也是……不如
  今年暑假我们俩闲着也是闲着，不如一起去少林寺看看怎么样？

08과
- 时……时……
  沙漠的气候时冷时热，变化无常。
- 直到……
  千佛洞直到1900年才被世人发现。
- 白
  闹半天，我白说了这么多，原来是"班门弄斧"。
- 何况
  连你都知道这么多，更何况你表哥呢。

09과
- 要说
  要说他的这辆老爷车，的确不省油。
- 可见
  可见西安、洛阳、南京和北京不失为中国的"四大古都"。
- ……不过
  要说中国的历史，恐怕谁都说不过你。
- 명사구+了
  瞧你说的，这都什么时代了。

10과
- 发……
  我听别的古诗头会发晕。
- ……似的
  李白的诗的确别有风韵，听了他的诗就仿佛身临其境似的。
- A有A的……，B有B的……
  国有企业和乡镇企业大有大的难处，小有小的优势。
- 何尝
  我何尝去过那样的地方？

11과
- 才……又……
  我才学会了一点儿普通话，难道又要学广东话？
- 没什么……
  谢天谢地，普通话只有四个声调，这回我可没什么不满可言了。
- 大/小+양사
  这么一小间屋子怎么能住得下五个人？
- 不免
  今年雨下得特别多，庄稼不免受了很大影响。

일러두기

★ **이 책의 고유명사 표기는 다음과 같습니다.**

① 중국의 지명·건물·기관·관광 명소의 명칭 등은 중국어 발음을 한국어로 표기하는 것을 원칙으로 하였습니다. 단, 우리에게 널리 알려진 고유명사의 경우에는 한자 발음으로 표기했습니다. 예 北京 → 베이징 兵马俑 → 병마용

② 인명의 경우, 각 나라에서 실제 읽히는 발음을 기준으로 하여 한국어로 그 발음을 표기하였다. 예 朴娜贤 → 박나현 林海 → 린하이

★ **중국어의 품사는 다음과 같이 약자로 표기했습니다.**

명사	명	개사	개	감탄사	감	지시대사	대
동사	동	고유명사	고유	접두사	접두	어기조사	조
부사	부	형용사	형	접미사	접미	시태조사	조
수사	수	조동사	조동	인칭대사	대	구조조사	조
양사	양	접속사	접	의문대사	대		

★ **주요 등장인물**

박나현 朴娜贤
한국인
베이징 대학교에서 중국어를 공부하는 학생, 20대

자오량 赵亮
중국인
대학생, 20대

유우림 柳雨林
한국인
직장인, 30대

린하이 林海
중국인
영어 교사, 30대

爸爸妈妈

아빠 엄마

이 과의 학습 목표

1
한어병음방안을 이해한다.

2
중국어의 네 가지 성조를 구분할 수 있다.

3
단운모와 성모를 발음할 수 있다.

중국어 기초 알기

☑ 중국어란?

중국어는 '한족의 언어'라는 뜻으로 **한어(汉语)**라고 많이 부르는데, 표준 중국어를 지칭하는 공식적인 명칭은 보통화(普通话)이다. 보통화는 **베이징(北京)음**을 표준음으로 하고, **북방 방언(北方方言)을 기초 방언으로 하며, 모범적인 현대 백화문(白话文: 입말을 바탕으로 한 글말)**으로 이루어진 저작을 문법의 규범 으로 삼는 언어로 정의된다. 타이완(台湾)에서는 표준어를 '국어(国语 Guóyǔ)'라고 하고, 그 밖에 동남 아나 싱가포르, 말레이시아 등지에서는 중국어를 '화어(华语 Huáyǔ)'라고 표현하기도 한다.

☑ 간체자란?

중국에서 중국어의 표기 수단으로 사용하는 간화(简化)된 한자를 일컬어 **간체자(简体字 jiǎntǐzì)**라고 한다. 이는 현재 한국, 타이완, 홍콩 등지에서 사용하는 한자인 '번체자(繁体字 fántǐzì)'의 **복잡한 획수를 간단하게 줄여서, 쓰기 편하고 쉽게 외울 수 있도록 고친 글자**를 말한다.

汉语	漢語
간체자	번체자

▶ 간화자(简化字 jiǎnhuàzì)란 중국 정부에서 공식적으로 규정하여 보급한 2,200여 개의 간체자를 지 칭하는데, 일반적으로 이를 간체자라고 부른다.

☑ 한어병음방안이란?

한어병음방안(汉语拼音方案)이란 **한자의 음성 표기를 위해 마련된 규정**을 가리킨다. 로마자 기호에 성조(声调) 부호를 붙여서 나타내며, 알파벳 기호를 사용하지만 중국어를 표기하기 위한 수단이므로 영어와는 다르게 발음된다.

(1) 성모(声母 shēngmǔ)

중국어 음절의 첫 부분에 오는 자음을 말한다.

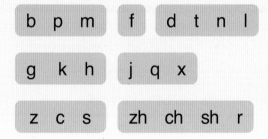

(2) 운모(韵母 yùnmǔ)

중국어 음절에서 성모를 제외한 나머지 부분을 말한다.

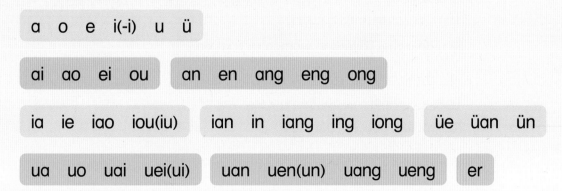

(3) **성조**(声调 shēngdiào)

성조란 자음이나 모음과 마찬가지로 음성을 구성하는 성분의 하나로, 중국어 음절에서 음의 높낮이를 가리킨다. 중국어에는 매 음절마다 성조가 있으며, **같은 발음이라 할지라도 성조가 다르면 의미가 다르다.** 우리가 일반적으로 배우는 표준 중국어인 보통화에는 네 개의 성조가 있다.

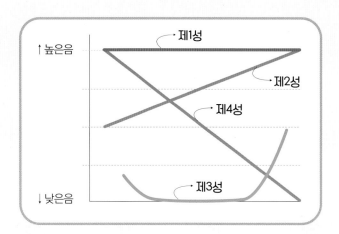

성조 유형	표기법	발음 방법
제1성	—	처음부터 끝까지 높은음으로 유지한다. 예 mā(妈 어머니)
제2성	⁄	가장 높은 위치까지 단번에 올린다. 예 má(麻 삼베)
제3성	ˇ	가장 낮은 위치까지 내렸다가 살짝 올린다. 예 mǎ(马 말)
제4성	ˋ	가장 높은음에서 가장 낮은음으로 뚝 떨어뜨린다. 예 mà(骂 욕하다)

▶ 이 밖에 원래의 성조를 잃고 가볍고 짧게 발음 나는 경성(轻声)이 있다. 경성은 항상 다른 성조의 뒤에 오며 성조를 표기하지 않는다.

　예 māma(妈妈), yéye(爷爷), wǒmen(我们), xièxie(谢谢)

▶ 성조 표기는 모음 위에 한다. 모음이 두 개 이상 이어질 때는 첫 번째 모음 위에 성조 표기를 한다. 단, 첫 번째 모음이 i, u, ü이면 두 번째 모음 위에 한다.

　예 hǎo, hēi, gǒu, jiù, guò, lüè

발음 부터 마스터하다

☑ 운모 1

| a | o | e | i | u | ü |

☆ 쉽게 쉽게 익히기

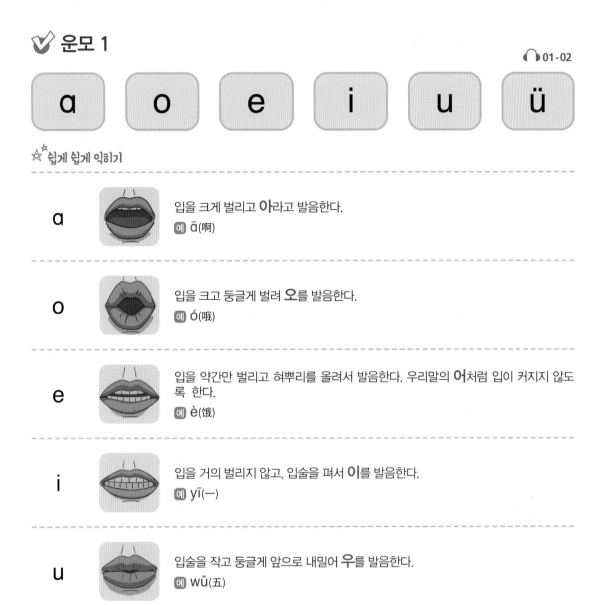

a
입을 크게 벌리고 **아**라고 발음한다.
예 ā(啊)

o
입을 크고 둥글게 벌려 **오**를 발음한다.
예 ó(哦)

e
입을 약간만 벌리고 혀뿌리를 올려서 발음한다. 우리말의 **어**처럼 입이 커지지 않도록 한다.
예 è(饿)

i
입을 거의 벌리지 않고, 입술을 펴서 **이**를 발음한다.
예 yī(一)

u
입술을 작고 둥글게 앞으로 내밀어 **우**를 발음한다.
예 wǔ(五)

ü
입술을 작고 둥글게 앞으로 내밀어 **위**를 발음하되, 입술을 펴지 말고 둥근 상태로 유지한다.
예 yú(鱼)

성모

🎧 01-03

 b p m f d t n l

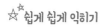

● 윗입술과 아랫입술 소리(쌍순음 双脣音)

b	위아래 입술을 가볍게 떼면서 발음한다. 우리말의 ㅃ에 해당한다. 예 bā(八), bàba(爸爸)
p	강한 압력으로 위아래 입술을 떼면서 발음한다. 우리말의 ㅍ에 해당한다. 예 pà(怕), pópo(婆婆)
m	코로 공기를 내뿜으며 위아래 입술을 가볍게 떼면서 발음한다. 우리말의 ㅁ에 해당한다. 예 mǎ(马), māma(妈妈)

● 윗니와 아랫입술 소리(순치음 脣齒音)

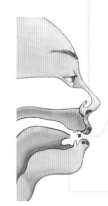

f	아랫입술에 윗니를 가볍게 대고 그 틈으로 공기를 마찰시켜 발음한다. 영어의 f에 해당한다. 예 fū(夫), fā(发)

● 혀끝과 윗잇몸 소리(설첨음 舌尖音)

d	혀끝을 윗잇몸에서 가볍게 떼면서 발음한다. 우리말의 ㄸ에 해당한다. 예 dà(大), dìdi(弟弟)
t	강한 압력으로 혀끝을 윗잇몸에서 떼면서 발음한다. 우리말의 ㅌ에 해당한다. 예 tā(他), dìtú(地图)
n	코로 공기를 내뿜으며 혀끝을 윗잇몸에서 가볍게 떼면서 발음한다. 우리말의 ㄴ에 해당한다. 예 nǐ(你), móni(模拟)
l	혀끝을 세워서 윗잇몸에 붙이고, 공기를 혀의 측면으로 빠지게 하면서 발음한다. 우리말 받침의 ㄹ에 해당한다. 예 lǎba(喇叭), lǜ(绿)

| g | k | h | j | q | x |

☆ 쉽게 쉽게 익히기

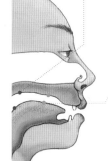

● 혀뿌리와 입천장 소리(설근음 舌根音)

g
혀뿌리를 입천장에서 가볍게 떼면서 발음한다. 우리말 ㄲ에 해당한다.
예 gēge(哥哥), gūdú(孤独)

k
강한 압력으로 혀뿌리를 입천장에서 떼면서 발음한다. 우리말의 ㅋ에 해당한다.
예 kǎ(卡), kělè(可乐)

h
혀뿌리를 입천장 가까이에 대고 그 틈으로 공기를 마찰시켜 발음한다. 우리말
흐 소리의 ㅎ에 가깝다.
예 hē(喝), húli(狐狸)

● 혓바닥과 입천장 소리(설면음 舌面音)

j
혀의 앞면을 입천장에서 가볍게 약간 떼면서 발음한다. 우리말 ㅈ에 해당한다.
예 jī(鸡), dǎjī(打击)

q
강한 압력으로 혀의 앞면을 입천장에서 약간 떼면서 발음한다. 우리말 ㅊ에 해당한다.
예 qì(气), qù(去)

x
혀의 앞면을 입천장 가까이에 대고 그 틈으로 공기를 마찰시켜 발음한다. 우리말의 ㅅ에 해당한다.
예 xǐ(洗), xū(需)

z　c　s　zh　ch　sh　r

☆ 쉽게 쉽게 익히기

● **혀끝과 이 소리(설치음 舌齿音)**

z　혀끝을 윗니 뒤쪽에서 가볍게 약간 떼면서 발음한다. 우리말의 **ㅉ**를 발음할 때
　　보다 혀끝을 좀 더 앞쪽으로 이동한다.
　　예 zá(杂), lǐzi(李子)

c　강한 압력으로 혀끝을 윗니 뒤쪽에서 약간 떼면서 발음한다. 우리말의 **ㅊ**를 발
　　음할 때보다 혀끝을 좀 더 앞쪽으로 이동한다.
　　예 gēcí(歌词), cūsī(粗丝)

s　혀끝을 윗니 뒤쪽에 가까이 대고 그 틈으로 공기를 마찰시켜 발음한다. 우리말
　　의 **ㅆ**를 발음할 때보다 혀끝을 좀 더 앞쪽으로 이동한다.
　　예 lǜsè(绿色), sì(四)

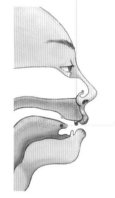

● **혀끝과 입천장 소리(권설음 卷舌音)**

zh　혀끝을 입천장에서 가볍게 약간 떼면서 발음한다. 우리말 **ㅈ**와 달리 혀가 숟가
　　락 모양이 된다.
　　예 zhè(这), zázhì(杂志)

ch　강한 압력으로 혀끝을 입천장에서 약간 떼면서 발음한다. 우리말 **ㅊ**와는 달리
　　혀가 숟가락 모양이 된다.
　　예 chē(车), chī(吃)

sh　혀끝을 입천장 가까이 대고 그 틈으로 공기를 마찰시켜 발음한다. 우리말 **ㅅ**와
　　달리 혀가 숟가락 모양이 된다.
　　예 shí(十), shīzi(狮子)

r　혀끝을 입천장 가까이 대고 그 틈으로 공기를 마찰시켜 발음하면서 성대를 울
　　리면서 발음한다. 혀가 숟가락 모양이 된다.
　　예 rè(热), rìzi(日子)

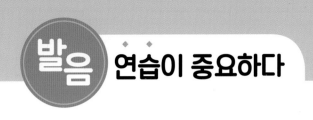

발음 연습이 중요하다

다음은 성모와 운모의 결합을 알 수 있는 표입니다. 녹음을 듣고 따라해 보세요.

	a	o	e	i(-i)	u	ü
b	ba	bo		bi	bu	
p	pa	po		pi	pu	
m	ma	mo	me	mi	mu	
f	fa	fo			fu	
d	da		de	di	du	
t	ta		te	ti	tu	
n	na		ne	ni	nu	nü
l	la	lo	le	li	lu	lü
g	ga		ge		gu	
k	ka		ke		ku	
h	ha		he		hu	
j				ji		ju
q				qi		qu
x				xi		xu
z	za		ze	zi	zu	
c	ca		ce	ci	cu	
s	sa		se	si	su	
zh	zha		zhe	zhi	zhu	
ch	cha		che	chi	chu	
sh	sha		she	shi	shu	
r			re	ri	ru	
성모가 없을 때	a	o	e	yi	wu	yu

i의 발음은 우리말 '으' 발음과 유사한데, 구강의 앞부분에서 발음되도록 한다.

운모 ü가 성모 j, q, x와 만날 때, 표기는 ju, qu, xu로 한다.

운모 i, u, ü가 성모 없이 단독으로 표시될 때, 표기는 yi, wu, yu로 한다.

성모 **구별 연습**

b / p	bā – pā	bì – pì
m / f	má – fá	mǎ – fǎ
d / t	dà – tà	dú – tú
n / l	nǐ – lǐ	nè – lè
g / k / h	gè – kè – hè	gā – kā – hā
j / q / x	jū – qū – xū	jì – qì – xì
z / c / s	zè – cè – sè	zū – cū – sū
zh / ch / sh / r	zhǔ – chǔ – shǔ – rǔ	zhì – chì – shì – rì
z / zh	zì – zhì	zè – zhè
c / ch	cì – chì	cā – chā
s / sh	sì – shì	sū – shū
l / r	lè – rè	lú – rú

운모 **구별 연습**

a / o	bá – bó	mā – mō
u / ü	lù – lǜ	nǔ – nǚ
o / e	ō – ē	fó – dé
a / e	gā – gē	là – lè
i / ü	lì – lǜ	nǐ – nǚ
o / u	fó – fú	bó – bú

성조 **결합 연습**

제1성＋제1성	pīfā	hūxī
제1성＋제2성	gēcí	gūdú
제1성＋제3성	gēqǔ	pōkě
제1성＋제4성	sīlù	hūzhù
제1성＋경성	gēge	māma

🎧 01-10

1 녹음을 들으며 각 음절에 성조를 표기해 보세요.

(1) lu   he   ji   da

(2) bo   lü   zu   xi

(3) ji   nu   qi   gu

2 발음을 큰 소리로 읽어 보세요.

(1) chē   zhǔ

(2) xù   dé

(3) nǎ   dū

(4) zì   hú

(5) lǐ   mà

3 녹음을 들으며 해당하는 발음을 찾아 보세요.

(1) kē ( )   (2) bó ( )   (3) nǔ ( )   (4) chā ( )
    hē ( )   pó ( )   lǚ ( )   shā ( )

(5) jī ( )   (6) chī ( )   (7) yī ( )   (8) rè ( )
    jū ( )   cī ( )   qī ( )   rì ( )

 그리고 중국 문화

중국은 어떤 나라일까?

행정구역

중국은 23개 성, 5개 자치구, 수도 베이징(北京)을 포함한 4개의 직할시와 2개의 특별 행정구로 이루어져 있다. 우리가 '대만'이라고 부르는 '타이완(台湾)'은 중국에서는 23개 성의 하나로 포함시키지만 실제로는 중국 정부의 행정권이 미치지 않는 독자적인 정부를 구성하고 있다.

국기

빨간색 바탕에 다섯 개의 노란 별로 구성된 중국의 국기를 우싱훙치(五星红旗)라고 한다. 여기서 큰 별은 중국 공산당을 상징하고, 이를 둘러싼 네 개의 작은 별은 노동자, 농민, 도시 소자본계급, 민족자산계급을 상징한다.

우싱훙치

민족

단일 민족인 우리나라와는 달리, 중국이라는 넓은 땅에는 56개의 다양한 민족들이 어울려 살고 있다. 한족(汉族)이 대부분을 차지하고 있으며, 나머지 55개의 소수 민족 중 수가 많은 몽고족(蒙古族)·회족(回族)·위구르족(维吾尔族)·티벳족(藏族)·장족(壮族)은 각각의 자치구를 이루어 생활하고 있다.

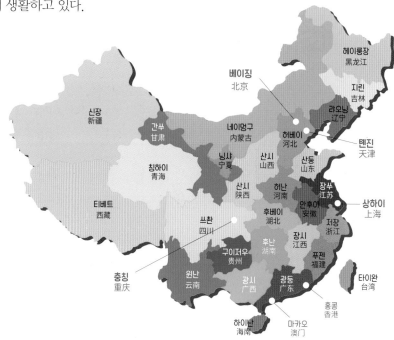

02

你好!

안녕하세요!

1

a, o, e로 시작하는 운모를 발음할 수 있다.

2

중국어로 기본 인사를 할 수 있다.

✔️ 운모 2

| ai | ao | ei | ou |

🎧 02-01

☆ 쉽게 쉽게 익히기

ai	입을 크게 벌려 a를 발음한 후 가볍게 i를 발음한다. 예 zài(在), nǎinai(奶奶)
ao	입을 크게 벌려 a를 발음한 후 가볍게 u를 발음한다. 예 hǎo(好), dào(到)
ei	입을 약간 벌려 에를 발음한 후 가볍게 i를 발음한다. 예 fēi(飞), měilì(美丽)
ou	입을 크고 둥글게 벌려 o를 발음한 후 가볍게 u를 발음한다. 예 zǒu(走), gǒu(狗)

🎧 02-02

| an | en | ang | eng | ong |

☆ 쉽게 쉽게 익히기

an	입을 크게 벌려 안을 발음한다. 예 sān(三), kàndao(看到)
en	입을 조금 벌려 언을 발음한다. 예 gēn(跟), zěnme(怎么)
ang	입을 크게 벌려 앙을 발음한다. 예 máng(忙), bāngmáng(帮忙)

eng	입을 조금 벌려 **엉**을 발음한다.
	예 děng(等), gèng(更)

ong	입을 조금만 오므려 **웅**을 발음한다
	예 hóngsè(红色), róngyì(容易)

성조 변화 🎧 02-03

(1) 제3성의 성조 변화

① 제3성과 제3성이 연이어 나올 경우, 앞의 제3성은 제2성으로 발음한다.

예 nǐ hǎo

② 제3성이 제1성, 제2성, 제4성, 경성의 앞에 나올 경우, 앞의 제3성은 반3성(半三声)으로 발음한다.
반3성이란 제3성에서 음이 낮게 깔리고 끝부분이 올라가지 않는 것을 가리킨다.

예 gěi tā, hěn máng, hěn bàng, hǎo de

※ 제3성의 변화는 발음상의 변화이므로, 표기할 때는 원래대로 제3성으로 표기한다.

(2) 一, 不의 성조 변화

① '一'는 원래 제1성이지만 제1, 2, 3성 앞에 놓일 경우에는 제4성으로 발음하고, 제4성 앞에 놓일 때
는 제2성으로 발음한다.

예 yìbān(一般), yìlái(一来), yìqǐ(一起), yíkàn(一看)

② '不'는 원래 제4성이지만 제4성이나 혹은 제4성이 경성으로 변한 글자 앞에서는 제2성으로 변한다.

예 bù hǎo(不好), bú shì(不是)

※ '一'와 '不'의 성조 변화는 표기할 때도 바뀐 성조로 표기한다.

격음부호

'a', 'o', 'e'로 시작하는 음절이 다른 음절 뒤에 오는 경우, 그 앞에서 음절이 나누어짐을 나타내기 위해서
' ' '를 사용하는데, 이를 '격음부호'라고 한다.

예 kě'ài(可爱), bēi'āi(悲哀), Tiān'ānmén(天安门)

🎧 02-04

다음은 성모와 a, o, e로 시작하는 운모의 결합을 알 수 있는 표입니다. 녹음을 듣고 따라해 보세요.

	ai	ao	ei	ou	an	en	ang	eng	ong
b	bai	bao	bei		ban	ben	bang	beng	
p	pai	pao	pei	pou	pan	pen	pang	peng	
m	mai	mao	mei	mou	man	men	mang	meng	
f			fei	fou	fan	fen	fang	feng	
d	dai	dao	dei	dou	dan	den	dang	deng	dong
t	tai	tao		tou	tan		tang	teng	tong
n	nai	nao	nei	nou	nan	nen	nang	neng	nong
l	lai	lao	lei	lou	lan		lang	leng	long
g	gai	gao	gei	gou	gan	gen	gang	geng	gong
k	kai	kao	kei	kou	kan	ken	kang	keng	kong
h	hai	hao	hei	hou	han	hen	hang	heng	hong
j									
q									
x									
z	zai	zao	zei	zou	zan	zen	zang	zeng	zong
c	cai	cao		cou	can	cen	cang	ceng	cong
s	sai	sao		sou	san	sen	sang	seng	song
zh	zhai	zhao	zhei	zhou	zhan	zhen	zhang	zheng	zhong
ch	chai	chao		chou	chan	chen	chang	cheng	chong
sh	shai	shao	shei	shou	shan	shen	shang	sheng	
r		rao		rou	ran	ren	rang	reng	rong
성모가 없을 때	ai	ao	ei	ou	an	en	ang	eng	

34

성조 결합 연습

제2성+제1성	nánfāng	tóngwū
제2성+제2성	néngjí	réngrán
제2성+제3성	chángpǎo	déshǒu
제2성+제4성	máobìng	chéngshì
제2성+경성	máfan	tánshang

성조 구별 연습

bāi – bái	páo – pǎo	lěi – lèi
gōu – gòu	hái – hài	dōu – dǒu
fān – fán	mán – mǎn	lěng – lèng
gēn – gèn	háng – hàng	chōu – chǒu

성모 구별 연습

bān – pān	láo – ráo	zài – zhài
gòu – kòu	cǎo – chǎo	nèi – lèi
hòng – gòng	pēn – fēn	néng – méng
sài – shài	dáng – táng	zǒng – zhǒng

운모 구별 연습

bāi – bēi	máo – móu	gǎi – gǎo
hāi – hēi	chǎo – chǒu	rào – ròu
pān – pāng	tán – táng	gèng – gòng
shāng – shēng	chén – chéng	rǎn – rěn

제3성의 성조 변화 연습

제3성+제1성	gěi tā	hěn gāo
제3성+제2성	qǐlái	dǎzhé
제3성+제3성	nǐ hǎo	zhǎo hǎo
제3성+제4성	kǒngbù	hěn bàng
제3성+경성	hǎo de	nǎinai

─의 성조 변화 연습

yìbān	yìlái	yìqǐ	yíkàn

不의 성조 변화 연습

bù gāo	bù máng	bù hǎo	bú qù

- nǐ 你 [대] 너, 당신

- hǎo 好 [형] 안녕하다

- nǐ hǎo 你好
  안녕하세요 [만날 때 하는 인사]

- zài 再 [부] 다시

- jiàn 见 [동] 만나다

- zàijiàn 再见
  잘 가, 안녕 [헤어질 때 하는 인사]

- xiè 谢 [동] 감사하다

- xièxie 谢谢   감사합니다

- bù 不 [부] ~하지 않다 [동사나 형용사 앞에 쓰여 부정을 나타냄]

- kèqi 客气 [동] 사양하다

- bú kèqi 不客气   별말씀을요

- duìbuqǐ 对不起
  미안합니다, 죄송합니다

- méi(yǒu) 没(有) [동] 없다

- guānxi 关系 [명] 관계

- méi guānxi 没关系   괜찮습니다

리듬을 따라하며 문장의 구조를 자연스럽게 익혀 보세요.　　　🎧 02-13

1

Nǐ hǎo!
你好!
안녕하세요!

♪ nǐ
hǎo
Nǐ hǎo!

2

Zàijiàn!
再见!
잘 가세요!

♪ zài
jiàn
Zàijiàn!

3

Xièxie!
谢谢!
감사합니다!

♪ Xièxie!
Xièxie!

4

Duìbuqǐ!
对不起!
미안합니다!

♪ Duìbuqǐ!
Duìbuqǐ!

1 .... 🎧 02-14

나현　**Nǐ hǎo!**
　　你好!

자오량　**Nǐ hǎo!**
　　你好!

2 .... 🎧 02-15

나현　**Zàijiàn!**
　　再见!

우림　**Zàijiàn!**
　　再见!

나현 **Xièxie!**
谢谢!

자오량 **Bú kèqi!**
不客气!

린하이 **Duìbuqǐ!**
对不起!

우림 **Méi guānxi!**
没关系!

연습 실력이 늘다

02-18

1 녹음을 들으며 각 음절에 성조를 표기해 보세요.

(1) bai   mao   fou   dun

(2) zan   cong   neng   gong

(3) zhai   chao   shou   reng

2 녹음과 일치하는 발음에 O표해 보세요.

(1) mǎi ( )   (2) pēn ( )   (3) lóu ( )   (4) kǎo ( )
      měi ( )   fēn ( )   tóu ( )   hǎo ( )

(5) páo ( )   (6) nán ( )   (7) chǎo ( )   (8) zài ( )
      pái ( )   náng ( )   chǎi ( )   zhài ( )

3 녹음을 듣고 각 녹음 내용과 일치하는 그림을 골라 보세요.

(1) _____   (2) _____   (3) _____   (4) _____

ⓐ    ⓑ    ⓒ    ⓓ

중국의 언어는 몇 가지일까?

중국어를 열심히 공부해서 자신감이 붙은 학생이라도 중국 각지를 여행하다 보면 현지인들이 도통 무슨 말을 하는지 알 수 없어서 당황하는 경우가 있을 것이다. 그러나 이는 그만큼 중국의 방언의 차이가 크기 때문이지 자신의 중국어 실력을 탓할 필요는 없다.

우리가 배우고 있는 중국어는 베이징 발음을 표준으로 한 보통화(普通话)로, 중국에는 표준어인 보통화 외에도 지역마다 다양한 방언이 존재한다.

이들 방언들은 같은 중국인이라도 전혀 이해하지 못할 만큼 그 차이가 심한 경우가 많아서 일부 학자들은 대만어(台湾话)나 광동어(广东话) 등의 경우에는 외국어로 봐야 한다고 주장하기도 한다. 그러나 중국이라는 한 국가 안에서 사용되고 있고, 한자라는 하나의 표기 수단을 사용하기 때문에 이들을 외국어가 아닌 방언으로 볼 수 있는 것이다.

이렇게 지역마다 방언이 있는가 하면 각각의 민족에게는 고유의 언어가 존재한다. 현재 한족(汉族)을 제외한 55개 소수 민족 가운데 자신의 언어가 없는 회족(回族), 만주족(满洲族)을 제외한 나머지 소수 민족들은 그들의 고유한 민족어가 있다. 이와 같이 중국의 언어는 소수 민족어, 방언 등을 포함하여 130여 가지로 분류할 수 있는데, 땅덩이가 넓은 만큼 언어의 종류도 다양하다.

간체자를 사용하는 중국

번체자를 사용하는 타이완

03

你最近怎么样?

요즘 어떻습니까?

이 과의 학습 목표

1

i, ü로 시작하는 운모를 발음할 수 있다.

2

안부를 묻고 대답하는 표현을 할 수 있다.

✅ 운모 3

| ia | ie | iao | iou(iu) |

🎧 03-01

☆ 쉽게 쉽게 익히기

ia	입술을 펴서 i 발음을 하고 연이어 입을 크게 벌려 a를 발음한다. 예 jiā(家), dìxià(地下)
ie	입술을 펴서 i 발음을 하고 연이어 입을 크게 벌려 e를 발음한다. 이때 e는 우리말의 에로 발음된다. 예 xièxie(谢谢), qiézi(茄子)
iao	입술을 펴서 i 발음을 하고 연이어 ao를 발음한다. 예 niǎo(鸟), jiào(叫)
iou(iu)	입술을 펴서 i 발음을 하고 연이어 ou를 발음한다. 예 jiǔ(九), jiāyóu(加油)

🎧 03-02

| ian | in | iang | ing | iong |

☆ 쉽게 쉽게 익히기

ian	입술을 펴서 i 발음을 하고 연이어 an을 발음한다. 이때 an은 우리말의 옌과 가깝다. 예 niàn(念), chōuyān(抽烟)
in	입술을 펴서 인 발음을 한다. 예 shēngyīn(声音), qīnqi(亲戚)
iang	입술을 펴서 i 발음을 하고 연이어 ang 발음을 한다. 예 xiǎngxiàng(想像), yáng(羊)

ing	입술을 펴서 우리말의 **잉** 발음을 한다. 예 tīng(听), yǐngxiǎng(影响)
iong	입술을 조금만 오므린 상태에서 우리말의 **융**을 발음한다. 예 xióngmāo(熊猫), yóuyǒng(游泳)

üe	üan	ün

🎧 03-03

☆ 쉽게 쉽게 익히기

üe	입술을 오므려 ü 발음을 한 후, e를 발음한다. 이때 e는 우리말의 **에**로 발음된다. 예 xuéxí(学习), yuèliang(月亮)
üan	입술을 오므려 ü 발음을 한 후, an을 발음한다. 이때 an은 우리말의 **엔**과 가깝다. 예 xuǎn(选), yǒngyuǎn(永远)
ün	입술을 오므려 **윈** 발음을 하되 입술을 펴지 말고 둥글게 유지한다. 예 qúnzi(裙子), yùnmǔ(韵母)

발음 연습이 중요하다

🎧 03-04

다음은 성모와 i, ü로 시작하는 운모의 결합을 알 수 있는 표입니다. 녹음을 듣고 따라해 보세요.

	ia	ie	iao	iou (iu)	ian	in	iang	ing	iong	üe	üan	ün
b		bie	biao		bian	bin		bing				
p		pie	piao		pian	pin		ping				
m		mie	miao	miu	mian	min		ming				
f												
d		die	diao	diu	dian			ding				
t		tie	tiao		tian			ting				
n		nie	niao	niu	nian	nin	niang	ning		nüe		
l	lia	lie	liao	liu	lian	lin	liang	ling		lüe		
g												
k												
h												
j	jia	jie	jiao	jiu	jian	jin	jiang	jing	jiong	jue	juan	jun
q	qia	qie	qiao	qiu	qian	qin	qiang	qing	qiong	que	quan	qun
x	xia	xie	xiao	xiu	xian	xin	xiang	xing	xiong	xue	xuan	xun
z												
c												
s												
zh												
ch												
sh												
r												
성모가 없을 때	ya	ye	yao	you	yan	yin	yang	ying	yong	yue	yuan	yun

ü가 j, q, x와 결합할 때 표기는 u로 한다.

iou가 성모와 결합할 때 표기는 iu로 한다.

i, ü로 시작하는 운모가 음절의 첫머리에 오면, i와 ü는 각각 y와 yu로 표기한다.

성조 결합 연습

제3성+제1성	xiǎochī	diǎnxīn
제3성+제2성	biǎoyáng	nǔrén
제3성+제3성	biǎoyǎn	xǐzǎo
제3성+제4성	jiǎngkè	xiǎokàn
제3성+경성	jiějie	hǎo de

성조 구별 연습

| piāo – piǎo | bié – biè | liú – liǔ |
| jiā – jià | qiú – qiū | xiáng – xiǎng |

성모 구별 연습

| biāo – piāo | niú – liú | diǎn – tiǎn |
| qiāng – jiāng | xiù – jiù | míng – níng |

운모 구별 연습

| bīn – bīng | tián – tiáo | liàn – liàng |
| jiā – jiē | qíng – qióng | xiè – xiàn |

- zuìjìn 最近 ⑲ 최근, 요즘

- zěnmeyàng 怎么样 ㉕ 어떠한가

- zuìjìn zěnmeyàng
  最近怎么样 요즘 어떻습니까?

- hái 还 ㉾ 그런대로, 비교적

- kěyǐ 可以 ㉾ 좋다, 괜찮다

- hái kěyǐ 还可以 그런대로 괜찮습니다

- shēntǐ 身体 ⑲ 몸, 신체

- ma 吗 ㉾ [의문을 나타내는 조사]

- hěn 很 ㉾ 아주, 매우

- ne 呢 ㉾ [의문을 나타내는 조사]

- wǒ 我 ㉕ 나, 저

- yě 也 ㉾ ~도 (또한)

- hǎo 好 ㉾ 꽤, 매우

- jiǔ 久 ㉾ 오래다

- hǎo jiǔ bú jiàn 好久不见
  오래간만입니다

- gōngzuò 工作 ⑲ 일

- máng 忙 ㉾ 바쁘다

- gōngzuò máng 工作忙
  일이 바쁘다

리듬을 따라하며 문장의 구조를 자연스럽게 익혀 보세요. 🎧 03-10

Nǐ zuìjìn zěnmeyàng?
你最近怎么样?

요즘 어떻습니까?

♪ zěnmeyàng
zuìjìn／zěnmeyàng
Nǐ／zuìjìn／zěnmeyàng?

Hái kěyǐ.
还可以。

그런대로 괜찮습니다.

♪ kěyǐ
Hái kěyǐ.

Nǐ shēntǐ hǎo ma?
你身体好吗?

건강은 어떻습니까?

♪ hǎo ma
shēntǐ／hǎo ma
Nǐ／shēntǐ／hǎo ma?

Wǒ yě hěn hǎo.
我也很好。

나도 아주 좋습니다.

♪ hǎo
hěn hǎo
Wǒ yě／hěn hǎo.

1 .... 🎧03-11

자오량 　Nǐ zuìjìn zěnmeyàng?
　　　你最近怎么样?

나현 　Hái kěyǐ.
　　　还可以❶。

2 .... 🎧03-12

자오량 　Nǐ shēntǐ hǎo ma?
　　　你身体好吗❷?

우리 　Hěn hǎo. Nǐ ne?
　　　很好。　你呢❸?

자오량 　Wǒ yě hěn hǎo.
　　　我也很好。

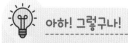 아하! 그렇구나!

❶ 별 탈 없이 잘 지낼 때, '还可以'란 표현을 많이 사용한다.

❷ 평서문 끝에 '吗'를 부가하면 의문문이 된다.

❸ 명사 뒤에 '呢'를 부가해서 끝 부분의 억양을 올리면 '~는(요)?'라는 의미의 의문문이 된다.

린하이 **Hǎo jiǔ bú jiàn! Nǐ gōngzuò máng ma?**
好久不见❹! 　你工作忙吗?

우림 **Bù máng. Nǐ ne?**
不❺忙。 　你呢?

린하이 **Wǒ hěn máng.**
我很忙。

💡 아하! 그렇구나!

❹ '好久'는 '아주 오랫동안', '不见'은 '만나지 않다'라는 뜻으로, '好久不见'은 '오래간만입니다'라는 상용 표현이다.

❺ '不'는 동사나 형용사의 앞에 놓여 부정의 의미를 나타낸다.

1 녹음을 들으며 각 음절에 성조를 표기해 보세요.

(1) jia   qiao   xie   diu

(2) tian   nin   liang   ming

(3) mie   pie   piao   jiang

2 녹음과 일치하는 발음에 O표해 보세요.

(1) biān ( )   (2) miè ( )   (3) tiào ( )   (4) jīn ( )
    piān ( )   niè ( )   diào ( )   qīn ( )

(5) miào ( )   (6) tiē ( )   (7) qióng ( )   (8) bīn ( )
    miàn ( )   tiān ( )   qiáng ( )   bīng ( )

3 녹음을 듣고 알맞은 대답을 골라 보세요.

(1) _____   (2) _____   (3) _____

ⓐ Wǒ shēntǐ hěn hǎo.
    我身体很好。

ⓑ Wǒ gōngzuò hěn máng.
    我工作很忙。

ⓒ Hǎo jiǔ bú jiàn!
    好久不见!

4 그림을 보고 보기 와 같이 대화를 완성해 보세요.

Nǐ zuìjìn zěnmeyàng?
A 你最近怎么样?

Hěn hǎo. Nǐ ne?
B 很好。　你呢?

Wǒ yě hěn hǎo.
A 我也很好。

(1)

Nǐ gōngzuò máng ma?
A 你工作＿＿＿＿＿＿?

Hěn máng.　　Nǐ ne?
B ＿＿＿＿＿＿。＿＿＿＿＿＿?

Wǒ yě hěn máng.
A 我＿＿＿＿＿＿。

(2)

Nǐ shēntǐ hǎo ma?
A 你身体＿＿＿＿＿＿?

Hěn hǎo.　　Nǐ ne?
B ＿＿＿＿＿＿。＿＿＿＿＿＿?

Wǒ yě hěn hǎo.
A 我＿＿＿＿＿＿。

"니하오!" 외에 다른 인사말은?

중국어에서 "니하오!(你好!)"가 가장 기본적인 인사말이긴 하지만 중국인들은 비교적 사이가 가까운 사람들을 만났을 때, 한국인들이 그러하듯 "식사했어요?(吃饭了吗? Chī fàn le ma?)", "어디 가세요?(去哪儿? Qù nǎr?)"와 같은 다양한 표현으로 인사를 건넨다. 이러한 인사는 프라이버시를 중시하는 서양인들이 들으면 부담스럽고 당황스럽겠지만, 동양적 정서로 통하는 한국인들에게는 익숙한 인사법이다.

영어의 "Good morning!", "Good night!"에 해당하는 "좋은 아침입니다!(早安! Zǎo'ān!)", "편안한 저녁되세요!(晚安! Wǎn'ān!)"와 같은 표현도 사람을 만나는 시간에 따라 적절하게 쓰인다.

"니하오마?(你好吗?)"라는 표현을 많이 들어 봤을 것이다. 이는 우리나라 사람들이 많이 혼동하고 있는 인사 표현 중 하나이다. "你好吗?"는 "你好!"와 달리 서로 잘 알고 있는 사람들 간에 구체적인 안부를 묻는 표현이다. 그러므로 서로 초면인 경우 "你好吗?"로 인사를 건네지 않는다. 상대의 안부를 구체적으로 묻는 표현으로 "你最近好吗? Nǐ zuìjìn hǎo ma?(요즘 잘 지내세요?)", "你过得怎么样? Nǐ guò de zěnmeyàng?(어떻게 지내세요?)" 등이 "你好吗?"보다 친근한 느낌을 주어 자주 쓰인다.

반갑게 인사하고 있는 중국인

04

您贵姓?

당신의 성은 무엇입니까?

이 과의 학습 목표

1 u로 시작하는 운모를 발음할 수 있다.

2 儿화를 이해한다.

3 이름을 묻고 대답하는 표현을 익힌다.

✔ 운모 4

| ua | uo | uai | uei(ui) |

🎧 04-01

☆ 쉽게 쉽게 익히기

ua	입술을 작고 둥글게 오므린 상태에서 u를 발음하고 연이어 a를 발음한다. 예 huā(花), wàzi(袜子)
uo	입술을 작게 오므린 상태에서 u를 발음하고 연이어 o를 발음한다. 예 zuò(做), wǒ(我)
uai	입술을 작게 오므린 상태에서 u를 발음하고 연이어 ai를 발음한다. 예 guǎi(拐), wàibian(外边)
uei(ui)	입술을 작게 오므린 상태에서 u를 발음하고 연이어 ei를 발음한다. 예 huì(会), wěidà(伟大)

| uan | uen(un) | uang | ueng |

🎧 04-02

☆ 쉽게 쉽게 익히기

uan	입술을 작게 오므린 상태에서 u를 발음하고 연이어 an을 발음한다. 예 duǎn(短), wǎnshang(晚上)
uen(un)	입술을 작게 오므린 상태에서 u를 발음하면서 연이어 en을 발음한다. 예 shùnlì(顺利), wénzi(蚊子)
uang	입술을 작게 오므린 상태에서 u를 발음하면서 연이어 ang을 발음한다. 예 guǎngdà(广大), wǎngluò(网络)

ueng	입술을 작게 오므린 상태에서 u를 발음하면서 연이어 eng을 발음한다.
	예 wēng(翁)

✔️ 권설운모(卷舌韵母)

er

🎧 04-03

☆ 쉽게 쉽게 익히기

er	혀끝을 입천장 쪽으로 말듯이 하면서 우리말의 **얼**처럼 발음한다. 이때 혀끝은 입천장에 닿지 않도록 한다.
	예 érzi(儿子), Shǒu'ěr(首尔)

儿화 현상

권설운모 er은 다른 운모와 결합하여 그 운모를 '儿화' 운모로 만든다. 儿화 운모를 적는 방법은 원래 운모 뒤에 '-r'을 붙이는 것이다. 예를 들면 niǎor, kuàir 등과 같다. 이때 '儿'은 운모의 모음과 결합되어 하나의 음절로 발음된다. '儿'을 부가하면 의미가 달라질 수도 있고, 그렇지 않을 수도 있지만 베이징말(北京语)에서는 의미의 변화 없이 사용하는 경우가 많다.

예 jīr(鸡儿), diǎnr(点儿), kòngr(空儿)

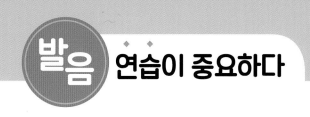

다음은 성모와 u로 시작하는 운모의 결합을 알 수 있는 표입니다. 녹음을 듣고 따라해 보세요.

	ua	uo	uai	uei(ui)	uan	uen(un)	uang	ueng
b								
p								
m								
f								
d		duo		dui	duan	dun		
t		tuo		tui	tuan	tun		
n		nuo			nuan			
l		luo			luan	lun		
g	gua	guo	guai	gui	guan	gun	guang	
k	kua	kuo	kuai	kui	kuan	kun	kuang	
h	hua	huo	huai	hui	huan	hun	huang	
j								
q								
x								
z		zuo		zui	zuan	zun		
c		cuo		cui	cuan	cun		
s		suo		sui	suan	sun		
zh	zhua	zhuo	zhuai	zhui	zhuan	zhun	zhuang	
ch	chua	chuo	chuai	chui	chuan	chun	chuang	
sh	shua	shuo	shuai	shui	shuan	shun	shuang	
r	rua	ruo		rui	ruan	run		
성모가 없을 때	wa	wo	wai	wei	wan	wen	wang	weng

> uei, uen이 성모와 결합할 때는 각각 ui, un으로 표기한다.

> u가 음절의 첫머리에 올 때는 w로 표기한다.

58

성조 결합 연습

제4성+제1성	qìchē	rènzhēn
제4성+제2성	dàxué	kèwén
제4성+제3성	diànyǐng	wàiyǔ
제4성+제4성	diànhuà	zàijiàn
제4성+경성	bàba	xièxie

성조 구별 연습

duō – duó	tuī – tuǐ	zuǎn – zuàn
huāng – huáng	shuǐ – shuì	cuō – cuò

성모 구별 연습

tuī – duī	zūn – cūn	shuān – suān
nuò – luò	huà – kuà	guài – kuài

운모 구별 연습

cuō – cuī	tuán – tún	zuǎn – zǔn
shuì – shuài	hūn – huān	luó – luán

儿화 연습

nǎ – nǎr	zhè – zhèr	yǒuqù – yǒuqùr
guāzǐ - guāzǐr	gài – gàir	yǎnjìng – yǎnjìngr

- nín 您 [대] 당신 [你의 존칭]

- guì 贵 [형] 귀중하다, 가치가 높다

- xìng 姓 [동] 성이 ~이다

- guì xìng 贵姓 [명] 성씨(姓氏)

- jiào 叫 [동] ~라고 부르다

- shénme 什么 [대] 무엇

- míngzi 名字 [명] 이름

- jiào shénme míngzi
  叫什么名字   이름이 무엇입니까?

- rènshi 认识 [동] 알다

- rènshi nǐ 认识你   당신을 알게 되다

- gāoxìng 高兴 [형] 기쁘다

- hěn gāoxìng 很高兴   아주 기쁘다

- tā 他 [대] 그, 그 사람

- shì 是 [동] ~이다

- shéi 谁 [대] 누구

- tā shì shéi 他是谁
  그는 누구입니까?

- péngyou 朋友 [명] 친구

- wǒ péngyou 我朋友   내 친구

문장 리듬을 만나다

리듬을 따라하며 문장의 구조를 자연스럽게 익혀 보세요. 🎧04-11

Nín guì xìng?
您贵姓?
당신의 성은 무엇입니까?

🎵 guì xìng

Nín guì xìng?

Nǐ jiào shénme míngzi?
你叫什么名字?
당신의 이름은 무엇입니까?

🎵 shénme míngzi

jiào / shénme míngzi

Nǐ jiào / shénme míngzi?

Tā shì shéi?
他是谁?
그는 누구입니까?

🎵 shéi

shì shéi

Tā shì / shéi?

Tā xìng shénme?
他姓什么?
그의 성은 무엇입니까?

🎵 shénme

xìng shénme

Tā xìng / shénme?

1　🎧 04-12

나현　**Nín guì xìng?**
您贵姓? ❶

린하이　**Wǒ xìng Lín.**
我姓林。

2　🎧 04-13

린하이　**Nǐ jiào shénme míngzi?**
你叫什么名字? ❷

나현　**Wǒ jiào Piáo Nàxián.**
我叫朴娜贤。

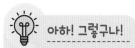
아하! 그렇구나!

❶ '您'은 '你'의 존칭, '贵姓'은 상대방 성(姓)에 대한 존칭으로 "您贵姓?"은 성씨를 공손하게 물어 보는 표현이다.

❷ 윗사람이 아랫사람에게, 혹은 동년배끼리 상대방의 이름을 물어 볼 때 쓰는 표현이다.

나현　**Rènshi nǐ, hěn gāoxìng.**
　　　认识你，　很高兴。

린하이　**Wǒ yě hěn gāoxìng.**
　　　我也很高兴。

린하이　**Tā shì shéi?**
　　　他是谁？

나현　**Tā shì wǒ péngyou.**
　　　他是我朋友。

린하이　**Tā xìng shénme?**
　　　他姓什么？❸

나현　**Tā xìng Zhào.**
　　　他姓赵。

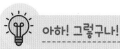

❸ "……姓什么？"는 상대방이나 제3자의 성(姓)을 격식 없이 물어볼 때 쓰는 표현이다.

🎧 04-16

1 녹음을 들으며 각 음절에 성조를 표기해 보세요.

(1) duo　　　　tui　　　　　nuan　　　　lun

(2) ju　　　　　zhui　　　　 chun　　　　shuan

(3) gua　　　　kuo　　　　　huang　　　 rui

2 녹음과 일치하는 발음에 O표해 보세요.

(1) pù 　(　) 　(2) duō 　(　) 　(3) suàn 　(　) 　(4) zǔn 　　(　)
　　 bù 　(　) 　　　 tuō 　(　) 　　　 shuàn (　) 　　　 zhǔn 　(　)

(5) nú 　(　) 　(6) suǒ 　(　) 　(7) huài 　(　) 　(8) zhuān 　(　)
　　 nuó (　) 　　　 suǐ 　(　) 　　　 huàn 　(　) 　　　 zhuāng (　)

3 녹음을 듣고 질문에 알맞은 대답을 골라 보세요.

(1) _____　(2) _____　(3) _____　(4) _____

ⓐ Tā shì wǒ péngyou.
　他是我朋友。

ⓑ Wǒ jiào Piáo Nàxián.
　我叫朴娜贤。

ⓒ Tā xìng Zhào.
　他姓赵。

ⓓ Wǒ xìng Lín.
　我姓林。

64

4 번호가 적힌 제비를 뽑아 (1), (2), (3), (4)의 역할을 맡고, 보기 의 표현을 이용하여 서로 성과 이름을 물어 보세요.

보기

A	Nín guì xìng? 您贵姓?	**A**	Nǐ jiào shénme míngzi? 你叫什么名字?
B	Wǒ xìng _____. 我姓 _____。	**B**	Wǒ jiào _____. 我叫 _____。

(1)

朴娜贤
Piáo Nàxián

(2)

赵亮
Zhào Liàng

(3)

柳雨林
Liǔ Yǔlín

(4)

林海
Lín Hǎi

5 자신의 이름을 소개해 보세요.

중국에는 어느 성씨가 제일 많을까?

우리말 속담에 '서울 가서 김서방 찾기'라는 말이 있다. 김씨가 워낙 흔해서 그 많은 김서방 중에서 찾고자 하는 사람을 찾기가 그만큼 힘들다는 말이다. 실제로 우리나라에서 가장 많은 성씨는 김(金)씨이고 그 다음 이(李)씨, 박(朴)씨의 순서로 많다.

중국에서는 어느 성씨가 가장 많을까? 중국에서 실시한 전국 호구조사 통계자료에 의하면 중국에서 가장 많은 성씨는 왕(王)씨이다. 그래서 우리나라에서는 중국인을 대표적으로 왕서방이라고 부르기도 한다. 여기에 리(李)씨, 장(张)씨를 포함하면 중국의 3대 성씨가 된다. 중국의 10대 성씨는 이 세 성씨를 포함하여 리우(刘)씨, 천(陈)씨, 양(杨)씨, 황(黄)씨, 자오(赵)씨, 우(吴)씨, 저우(周)씨이다. 중국어 성어 중에 어디에나 흔히 있는 평범한 사람들을 가리키는 '장싼리쓰(张三李四)'라는 말은 바로 장씨와 리씨가 가장 흔한 성씨임을 보여 준다.

그렇다면 중국의 희성(稀姓)으로는 어떤 것이 있을까? 가장 적은 성씨는 난(难 nán)씨이고 그밖에 스(死 sǐ)씨, 헤이(黑 hēi)씨, 두(毒 dú)씨 등도 있다고 하니, 중국인들이 기피하는 이러한 글자를 성씨로 쓰고 있다는 사실이 신기하기만 하다.

중국에서 세 번째로 많은 성씨인 장(张)씨의 명함

중국의 3대 성씨인 왕(王)씨, 리(李)씨, 장(张)씨

05

你是哪国人?

당신은 어느 나라 사람입니까?

이 과의 학습 목표

1

신분을 묻고 답하는 여러 가지 표현을 말할 수 있다.

2

장소를 나타내는 표현을 배운다.

- 哪 nǎ 〔대〕 어느

- 国 guó 〔명〕 나라, 국가

- 人 rén 〔명〕 사람

- 哪国人 nǎ guó rén 어느 나라 사람

- 中国 Zhōngguó 〔고유〕 중국 [국가명]

- 中国人 Zhōngguó rén 〔명〕 중국인

- 韩国 Hánguó 〔고유〕 한국 [국가명]

- 韩国人 Hánguó rén 〔명〕 한국인

- 做 zuò 〔동〕 하다, 일하다, 종사하다

- 工作 gōngzuò 〔동〕 일하다

- 中学 zhōngxué 〔명〕 중등학교 [중·고등학교]

- 老师 lǎoshī 〔명〕 선생님, 스승

- 教 jiāo 〔동〕 가르치다

- 英语 Yīngyǔ 〔명〕 영어

- 在 zài 〔개〕 ~에(서)

- 哪儿 nǎr 〔대〕 어디

- 银行 yínháng 〔명〕 은행

- 们 men 〔접미〕 ~들 [복수를 나타냄]

- 你们 nǐmen 〔대〕 너희들

- 我们 wǒmen 〔대〕 우리들

- 学生 xuésheng 〔명〕 학생

- 北京大学 Běijīng Dàxué 〔고유〕 베이징 대학교

- 念书 niàn shū 〔동〕 공부하다, 책을 읽다

리듬을 따라하며 문장의 구조를 자연스럽게 익혀 보세요.　🎧 05-02

1

你是哪国人?
Nǐ shì nǎ guó rén?

당신은 어느 나라 사람입니까?

♪ 哪国人

你是／哪国人?

2

我是中国人。
Wǒ shì Zhōngguó rén.

나는 중국인입니다.

♪ 中国人

是／中国人

我是／中国人。

3

你做什么工作?
Nǐ zuò shénme gōngzuò?

당신은 어떤 일을 합니까?

♪ 什么工作

做／什么工作

你做／什么工作?

4

我在银行工作。
Wǒ zài yínháng gōngzuò.

저는 은행에서 일합니다.

♪ 在银行

在银行／工作

我／在银行／工作。

1 ·· 🎧 05-03

나현　你是哪国人?
　　　Nǐ shì nǎ guó rén?

남학생　我是中国人。
　　　　Wǒ shì Zhōngguó rén.

나현　你也是中国人吗?
　　　Nǐ yě shì Zhōngguó rén ma?

여학생　我不是中国人，我是韩国人。
　　　　Wǒ bú shì Zhōngguó rén, wǒ shì Hánguó rén.

나현 　您做什么工作？
　　　Nín zuò shénme gōngzuò?

린하이 　我是中学❶老师。
　　　Wǒ shì zhōngxué lǎoshī.

나현 　您教什么？
　　　Nín jiāo shénme?

린하이 　我教英语。
　　　Wǒ jiāo Yīngyǔ.

 아하! 그렇구나!

❶ '中学'는 중학교와 고등학교의 통칭이다. 구별해서 쓸 때 중학교는 '初中 chūzhōng', 고등학교는 '高中 gāozhōng' 이라고 한다.

자오량 你在哪儿工作?
Nǐ zài nǎr gōngzuò?

우림 我在银行工作。你们呢❷?
Wǒ zài yínháng gōngzuò. Nǐmen ne?

자오량 我们是学生。
Wǒmen shì xuésheng.

我们在北京大学念书。
Wǒmen zài Běijīng Dàxué niàn shū.

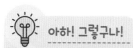 아하! 그렇구나!

❷ '呢'는 '~는요?'라는 뜻으로 쓰인 의문조사로, 여기서는 상대방이 물었던 것에 대해 되묻는 의미로 쓰였다. "당신들은 어디에서 일합니까?"라는 의미이다.

어법 회화에 날개를 달다

是자문

'是자문'이란 동사 '是'가 술어로 쓰인 문장으로, 「A是B」의 형식으로 주로 사용되며, 'A는 B 이다'라는 뜻을 나타낸다. 부정은 「A不是B」의 형식을 사용한다.

我是中国人。
Wǒ shì Zhōngguó rén.

我也是韩国人。
Wǒ yě shì Hánguó rén.

我不是美国人。
Wǒ bú shì Měiguó rén.

我们不是老师。
Wǒmen bú shì lǎoshī.

美国 Měiguó 고유 미국

그림을 보고 질문에 답해 보세요.

①
你是哪国人?

②
你也是中国人吗?

③
你是学生吗?

개사 在

장소를 나타낼 때는 '~에서'라는 의미의 개사 '在'를 쓴다. 이때 '在'는 장소를 나타내는 어구와 함께 동사 앞에 온다.

我在银行工作。
Wǒ zài yínháng gōngzuò.

你在哪儿教英语?
Nǐ zài nǎr jiāo Yīngyǔ?

我在北京大学念书。
Wǒ zài Běijīng Dàxué niàn shū.

我在中学教英语。
Wǒ zài zhōngxué jiāo Yīngyǔ.

주어진 단어를 알맞게 배열하여 문장을 완성해 보세요.

① 我 / 工作 / 银行 / 在 → _____

② 哪儿 / 你 / 念书 / 在 → _____

인칭대사

중국어에서 인칭대사는 간단하다. 영어나 다른 외국어처럼 격에 따른 형태 변화도 없다. 다음 표를 보고 중국어의 인칭대사를 알아보자.

	1인칭	2인칭	3인칭
단수	我 wǒ 나	你 nǐ 당신	他 tā 그 她 tā 그녀 它 tā 그것
복수	我们 wǒmen 우리들	你们 nǐmen 너희들	他们 tāmen 그들 她们 tāmen 그녀들 它们 tāmen 그것들

위의 표에서 알 수 있듯이 중국어에서 복수를 나타낼 때는 사람을 가리키는 명사나 대명사 뒤에 접미사 '们 men'을 붙인다. 그러나 동물이나 사물에는 '们'을 붙이지 않는다.

老师 → 老师们 (○) | 学生 → 学生们 (○)

牛 → 牛们 (×) | 书 → 书们 (×)

牛 niú 몡 소 | 书 shū 몡 책

빈칸에 '们'이 들어갈 수 있는 것을 골라 보세요.

① 他_____是老师。

② 这是书_____。
　　└──→ zhè 때 이것

③ 老师_____在哪儿教英语?

🎧 05-06

1 你是<u>中国人</u>吗?

↓

学生　xuésheng
老师　lǎoshī
医生　yīshēng

· 医生 yīshēng 의사

2 我在<u>银行</u>工作。

↓

大学　dàxué
医院　yīyuàn
书店　shūdiàn

· 医院 yīyuàn 병원　· 书店 shūdiàn 서점

3 我教<u>英语</u>。

↓

汉语　Hànyǔ
数学　shùxué
历史　lìshǐ

· 汉语 Hànyǔ 중국어　· 数学 shùxué 수학　· 历史 lìshǐ 역사

연습 실력이 늘다

🎧 05-07

1 녹음을 듣고 각 녹음 내용과 일치하는 그림을 골라 보세요.

(1) _____   (2) _____   (3) _____   (4) _____

ⓐ

ⓑ

ⓒ

ⓓ

2 녹음을 듣고 대화의 빈칸을 알맞게 채워 보세요.

(1) A 你是_____人?

     B 我是_____人。

(2) A 您_____什么_____?

     B 我是_____。

(3) A 你_____工作?

     B 我_____工作。

(4) A 你_____中国人吗?

     B 我_____中国人，我是_____。

3 보기를 참고하여 주어진 사람들에 대해 묻고 대답해 보세요. 또 이 문장들을 활용하여 상대방의 이름과 직업 등을 물어 보세요.

보기

저우제(周杰 Zhōu Jié)
중국인, 영어 교사

A 他是哪国人？
B 他是中国人。
A 他叫什么名字？
B 他叫周杰。
A 他做什么工作？
B 他是英语老师。

(1)

장건(张健 Zhāng Jiàn)
한국인, 의사

(2)

메리(玛丽 Mǎlì)
미국인, 학생

4 그림을 보고 개사 '在'와 주어진 단어를 이용하여 문장을 완성해 보세요.

(1)

书店

她＿＿＿＿＿＿＿。

(2)

医院

他＿＿＿＿＿＿＿。

그리고 중국 문화

주요 지역별 중국인의 특성은?

드넓은 영토를 보유한 중국은 지역별로 사람들의 특성이 조금씩 다르게 나타난다. 모든 지역이 각각의 특성을 가지겠지만, 경제적·정치적으로 중요한 역할을 하는 3대 도시 베이징(北京), 상하이(上海), 광저우(广州) 사람들의 특성을 알아보자.

베이징

베이징이 오랫동안 수도로서 정치와 행정의 핵심적인 역할을 해 온 까닭에서인지 베이징 사람들은 자부심이 강하며, 보수적인 성향을 가지고 있다. 또한 애국적 성향이 비교적 짙으며, 체면 의식이 상당히 강하다. 비교적 대범한 성격으로 세심하거나 복잡한 것을 꺼리는 특징이 있다.

베이징의 자금성

상하이

상하이의 동방명주와 스카이라인

상하이는 중국 경제의 핵심 도시로서, 일찍부터 서구 문화와의 접촉이 빈번했다. 그래서 상하이 사람들은 서구 문화를 선호하고, 외래 문화에 대해서도 개방적인 사고를 가지고 있다. 또한 지역적 우월감이 높고 배타적이어서, 타 지역으로의 이주가 적고, 그들끼리는 상하이 방언을 사용한다.

광저우

광저우는 일찍부터 상업이 발달한 지역으로, 이곳 사람들은 상업 의식과 개척 의식이 매우 강하다. 다른 지역에 비해 정치에는 무관심하지만 돈이 생기는 일이라면 크게 관심을 보이며, 실용주의적인 성격이 강하다. 또한 광저우 사람들은 "다리 달린 것으로는 책상, 날개가 달린 것으로는 비행기만 빼면 뭐든 먹는다."라는 우스갯소리를

광저우의 화려한 야경

들을 만큼 다양한 음식 문화가 발달해 있고, 건강에 관심이 많아 보양 음식을 즐겨 먹는다.

06

你家有几口人?

당신은 가족이 몇 명입니까?

이 과의 학습 목표

1

가족 상황이나 가족 수를 묻는 표현을 말할 수 있다.

2

나이를 묻는 표현을 말할 수 있다.

- 老 lǎo 〔접두〕 [항렬을 나타냄]

- 老大 lǎodà 〔명〕 맏이, 첫째

- 老二 lǎo'èr 〔명〕 둘째

- 老幺 lǎoyāo 〔명〕 막내

- 有 yǒu 〔동〕 가지고 있다, 소유하다

- 一 yī 〔수〕 1, 하나

- 二 èr 〔수〕 2, 둘

- 三 sān 〔수〕 3, 셋

- 十 shí 〔수〕 10, 열

- 个 gè 〔양〕 개, 명, 사람

- 哥哥 gēge 〔명〕 형, 오빠

- 姐姐 jiějie 〔명〕 누나, 언니

- 弟弟 dìdi 〔명〕 남동생

- 爸爸 bàba 〔명〕 아빠

- 妈妈 māma 〔명〕 엄마

- 兄弟 xiōngdì 〔명〕 형제

- 姐妹 jiěmèi 〔명〕 자매

- 儿子 érzi 〔명〕 아들

- 和 hé 〔접〕 ~와

- 家 jiā 〔명〕 집, 가정

- 几 jǐ 〔대〕 몇

- 口 kǒu 〔양〕 식구

- 今年 jīnnián 〔명〕 금년, 올해

- 多 duō 〔부〕 얼마나

- 大 dà 〔형〕 크다, (나이가) 많다

- 多大 duō dà (나이가) 얼마인가

- 岁 suì 〔양〕 살, 세 [나이를 세는 단위]

리듬을 따라하며 문장의 구조를 자연스럽게 익혀 보세요.　　　　🎧 06-02

 1

你家有几口人?

Nǐ jiā yǒu jǐ kǒu rén?

당신은 가족이 몇 명입니까?

♪ 几口人

有／几口人

你家／有／几口人?

2

你家有什么人?

Nǐ jiā yǒu shénme rén?

당신은 가족이 누구누구 있습니까?

♪ 什么人

有／什么人

你家／有／什么人?

3

我有一个哥哥。

Wǒ yǒu yí ge gēge.

나는 오빠가 한 명 있습니다.

♪ 有／哥哥

有／一个哥哥

我有／一个哥哥。

4

你今年多大?

Nǐ jīnnián duō dà?

당신은 올해 몇 살입니까?

♪ 多大

今年／多大

你／今年／多大?

1 🎧 06-03

나현 你是老大吗？
Nǐ shì lǎodà ma?

메리 不是，我是老幺。我有一个哥哥和一个姐姐。
Bú shì, wǒ shì lǎoyāo. Wǒ yǒu yí ge gēge hé yí ge jiějie.

你呢？
Nǐ ne?

나현 我是老二。我有一个哥哥和一个弟弟。
Wǒ shì lǎo'èr. Wǒ yǒu yí ge gēge hé yí ge dìdi.

2 🎧 06-04

우림 你家有几口人？❶
Nǐ jiā yǒu jǐ kǒu rén?

자오량 三口人。
Sān kǒu rén.

우림 你家有什么人？❷
Nǐ jiā yǒu shénme rén?

자오량 爸爸、妈妈和我。我没有兄弟姐妹。
Bàba、māma hé wǒ. Wǒ méiyǒu xiōngdì jiěmèi.

린하이 　**你今年多大?**
　　　　Nǐ jīnnián duō dà?

우림 　　**三十二❸。**
　　　　Sānshí'èr.

린하이 　**你儿子今年几岁?**
　　　　Nǐ érzi jīnnián jǐ suì?

우림 　　**他今年三岁❹。**
　　　　Tā jīnnián sān suì.

 아하! 그렇구나!

❶❷ 가족의 수를 물을 때는 "你家有几口人?"으로 묻고, 가족의 구성원이 어떻게 되는지를 물을 때는 "你家有什么人?"이나 "都(dōu 모두)有什么人?"으로 물을 수 있다.

❸❹ '岁'는 생략할 수 있지만, 10살 이하에서는 생략할 수 없다.

어법 회화에 날개를 달다

중국어 숫자 표현

一 yī 일	二 èr 이	三 sān 삼	四 sì 사	五 wǔ 오
六 liù 육	七 qī 칠	八 bā 팔	九 jiǔ 구	十 shí 십
十一 shíyī 십일	十二 shí'èr 십이……		二十 èrshí 이십	三十 sānshí 삼십……
一百 yìbǎi 일백	一千 yìqiān 일천		一万 yíwàn 일만	一亿 yíyì 일억

※ 两 liǎng 둘 : 양사 앞에 쓰여 개수를 나타낼 때는 '二' 대신 '两'을 쓴다.

다음 숫자를 중국어로 읽어 보세요.

① 12　　　　　　② 24　　　　　　③ 208

중국에서 숫자를 나타내는 손동작

yī

èr

sān

sì

wǔ

liù

qī

bā

jiǔ

shí

양사

'책 세 권'에서의 '권'과 같이 명사를 세는 단위를 양사(量词)라고 하며, 양사의 위치는 다음과 같다.

수사 +	양사 +	명사		수사 +	양사 +	명사
一	个	妹妹		三	口	人
yí	ge	mèimei		sān	kǒu	rén
两	本	书		五	杯	水
liǎng	běn	shū		wǔ	bēi	shuǐ

本 běn 양 권 | 杯 bēi 양 잔 | 水 shuǐ 명 물

84

有**자문**

「A 有 B」는 'A는 B를 가지고 있다'라는 뜻으로 소유나 존재를 나타내며 부정은 '没有'이다.

我有弟弟。 ↔ **我没有弟弟。**　　|　**我有手机。** ↔ **我没有手机。**
Wǒ yǒu dìdi.　　Wǒ méiyǒu dìdi.　　|　Wǒ yǒu shǒujī.　　Wǒ méiyǒu shǒujī.

手机 shǒujī 몡 휴대 전화

그림을 보고 빈칸에 '有'나 '没有'를 넣어 보세요.

①

我＿＿＿＿＿＿爸爸、妈妈、姐姐、弟弟。

我＿＿＿＿＿＿哥哥。

②

我＿＿＿＿＿＿兄弟姐妹。

가계도

 爷爷 yéye 할아버지

 奶奶 nǎinai 할머니

 姥爷 lǎoye 외할아버지

 姥姥 lǎolao 외할머니

 爸爸 bàba 아빠

 妈妈 māma 엄마

 哥哥 gēge 형, 오빠

 姐姐 jiějie 누나, 언니

 我 wǒ 나

 妹妹 mèimei 여동생

 弟弟 dìdi 남동생

나이를 묻는 표현

중국어로 나이를 묻는 표현은 다음과 같이 여러 가지가 있다.

A 你今年几岁? (10세 이하 어린아이에게 묻는 경우)
Nǐ jīnnián jǐ suì?

B 我七岁。
Wǒ qī suì.

A 您多大年纪? (연세가 많은 어른에게 묻는 경우)
Nín duō dà niánjì?

B 七十。
Qīshí.

A 你今年多大? (동년배에게 묻는 경우)
Nǐ jīnnián duō dà?

B 20岁。
Èrshí suì.

A 你属什么? (띠를 물을 때)
Nǐ shǔ shénme?

B 我属羊。
Wǒ shǔ yáng.

年纪 niánjì 몡 나이 | 属 shǔ 동 ~띠이다 | 羊 yáng 몡 양

주어진 대답에 알맞은 질문을 써 보세요.

① A _____? B 我今年六十五。

② A _____? B 我属羊。

③ A _____? B 五岁。

④ A _____? B 今年二十一岁。

多+형용사

단음절 형용사의 앞에 '多'를 붙이면 형용사의 정도를 묻는 의문문이 되며, '얼마나 ~하냐?', '얼만큼 ~하냐?'의 의미를 나타낸다.

A 你今年多大?   B 二十岁。
Nǐ jīnnián duō dà?   Èrshí suì.

A 你多重?   B 五十公斤。
Nǐ duō zhòng?   Wǔshí gōngjīn.

A 你个子多高?   B 一米七。
Nǐ gèzi duō gāo?   Yì mǐ qī.

重 zhòng 혱 무겁다 | 公斤 gōngjīn 양 킬로그램(kg) | 个子 gèzi 몡 키 | 高 gāo 혱 높다, (키가) 크다 | 米 mǐ 양 미터(m)

밑줄 친 부분에 「多+형용사」를 넣어 대화를 완성해 보세요.

① A 你个子_____? B 一米六九。

② A 你今年_____? B 二十二岁。

③ A 你_____? B 四十一公斤。

 06-06

1

A 你家有几口人?

B 我家有三口人。

四 sì
五 wǔ

2

A 你家有什么人?

B 我家有爸爸、妈妈和我。

爷爷、奶奶、妈妈和我 yéye、nǎinai、māma hé wǒ
爸爸、妈妈、弟弟、妹妹和我 bàba、māma、dìdi、mèimei hé wǒ

3

A 你今年多大?

B 我今年三十一岁。

十五 shíwǔ
二十一 èrshíyī

🎧 06-07

1 녹음을 듣고 녹음 내용과 일치하면 O, 일치하지 않으면 X를 표시해 보세요.

(1) 我有一个哥哥。 　　　　　　　(　)

(2) 爸爸在银行工作。 　　　　　　(　)

(3) 妈妈六十五岁。 　　　　　　　(　)

(4) 我在中国念书。 　　　　　　　(　)

2 가족사진을 보고 보기 와 같이 대화를 나눠 보세요. 또 보기 의 문장을 활용하여 친구의 가족에 대해 질문해 보세요.

보기

A 你家有几口人？
B 五口人。
A 你家有什么人？
B <u>爷爷、爸爸、妈妈、姐姐和我。</u>

(1)

(2)

(3)

3 번호가 적힌 제비를 뽑아 (1), (2), (3), (4)의 역할을 맡고, 제시된 신상을 바탕으로 보기 의 질문을 활용하여 서로 질문하고 답해 보세요.

보기
你今年多大？　　　　　你儿子今年几岁？
你是老大吗？　　　　　你爸爸今年多大年纪？
你妈妈今年多大年纪？　　你有兄弟姐妹吗？

(1)

35살 / 첫째 / 아들 5살

(2)

20살 / 무남독녀 / 아빠 49세

(3)

12살 / 둘째 / 엄마 38세

(4)

43살 / 막내 / 아들 10살

4 보기 에서 알맞은 형용사를 골라 「多+형용사」 형식으로 질문을 완성하여 묻고 답해 보세요.

보기
　　大　　高　　重

(1) A 你哥哥_____？
　　B 他一米八。

(2) A 你姐姐今年_____？
　　B 她今年二十八岁。

(3) A 你弟弟_____？
　　B 他七十公斤。

세계 최대의 인구, 어떻게 조절할까?

중국은 1950, 1960년대의 베이비붐으로 시작된 폭발적인 인구 증가를 막기 위해 '한 자녀 갖기 정책(计划生育政策)'을 펼쳐 왔다. 이러한 정책으로 세상에 나온 외아들, 외동딸들은 조부모와 외조부모의 유일한 손자, 손녀이자 부모에게 있어서는 유일한 자식이라 각 가정에서 마치 황제와 같은 대접을 받는다고 하여 '샤오황띠(小皇帝)'라는 별명이 붙었다.

그러나 중국 인구의 대다수를 차지하는 농민들에게 이 정책은 매우 치명적이다. 한 명의 자녀만으로는 농사일을 할 수 있는 노동력을 확보할 수 없기 때문이다. 따라서 몰래 자녀를 둘 이상 낳고 호적에 올리지 않는 경우가 많은데, 이렇게 호적에 올리지 못한 아이를 '헤이하이즈(黑孩子)'라고 한다. 사실 중국 인구 14억이라는 수치도 합법적으로 태어난 사람에 대한 통계일 뿐 '헤이하이즈'들을 포함한다면 실제로는 얼마일지 알 수 없는 일이다.

최근 전 세계적으로 인구 감소의 추세가 나타나고 있는데, 2019년 유엔이 발표한 보고서에 따르면 중국은 인구 감소 속도가 가장 빠른 나라 중 하나라고 예상했다. 중국 정부는 출산율이 감소하고 인구가 급속히 고령화되어 노동 가능 인구가 줄어드는 문제에 대해 심각성을 인지하고 이에 대처하고자 노력해 왔다. 그 결과 '한 자녀 갖기 정책'을 폐지하고 2016년부터 '1가구 2자녀 정책'으로 전환하기에 이르렀다. 그럼에도 불구하고 중국의 출생률은 지난 1961년 이후 최저를 기록하는 등 여전히 인구수는 빠르게 감소하는 추세이다. 그 이유는 가임기 연령 여성이 줄고 있고, 경제적인 부담으로 두 자녀를 출산하기를 꺼리고 있기 때문이다. 이에 중국 정부는 2021년에 3자녀 허용 정책을 발표하고, 다자녀 가정에 부가하던 벌금형 세금인 '사회부양비'를 없애면서 사실상 산아제한을 폐지했다.

부모에게 금지옥엽 같은 샤오황띠

'한 자녀 갖기 정책'을 폐지한 중국

07

现在几点?

지금 몇 시입니까?

이 과의 학습 목표

1 시간, 날짜, 요일을 묻고 대답할 수 있다.

2 명사술어문을 이해하고 익힌다.

- 现在 xiànzài 圈 지금, 현재

- 点 diǎn 圈 시(時)

- 两 liǎng 囹 2, 둘

- 半 bàn 囹 반, 30분

- 两点半 liǎng diǎn bàn 두 시 반

- 上课 shàng kè 图 수업하다

- 今天 jīntiān 圈 오늘

- 月 yuè 圈 월, 달 [시간의 단위]

- 号 hào 圈 일, 날짜

- 几月几号 jǐ yuè jǐ hào 몇 월 며칠

- 星期 xīngqī 圈 주, 요일

- 星期几 xīngqī jǐ 무슨 요일

- 星期五 xīngqīwǔ 圈 금요일

- 星期六 xīngqīliù 圈 토요일

- 下(个)星期 xià (ge) xīngqī
  다음 주

- 吧 ba 图 ~하자, ~해라, ~일 것이다 [문장 끝에 쓰여 제안, 명령을 부드럽게 하거나 추측의 의미를 나타냄]

- 的 de 图 ~의 [구조조사]

- 生日 shēngrì 圈 생일

- 那么 nàme 图 그러면, 그렇다면

- 后天 hòutiān 圈 모레

- 对 duì 图 맞다, 옳다

- 来 lái 图 오다

문장 리듬을 만나다

리듬을 따라하며 문장의 구조를 자연스럽게 익혀 보세요.　🎧 07-02

现在几点?
Xiànzài jǐ diǎn?

지금 몇 시입니까?

♪ 几点

现在／几点?

你几点上课?
Nǐ jǐ diǎn shàng kè?

몇 시에 수업입니까?

♪ 几点

几点／上课

你／几点／上课?

今天几月几号?
Jīntiān jǐ yuè jǐ hào?

오늘은 몇 월 며칠입니까?

♪ 几月／几号

今天／几月／几号?

今天星期几?
Jīntiān xīngqī jǐ?

오늘은 무슨 요일입니까?

♪ 星期几

今天／星期几?

1 · 🎧 07-03

자오량 **现在几点?**
Xiànzài jǐ diǎn?

나현 **现在两❶点半。**
Xiànzài liǎng diǎn bàn.

자오량 **你几点上课?**
Nǐ jǐ diǎn shàng kè?

나현 **三点。**
Sān diǎn.

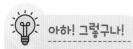 아하! 그렇구나!

❶ '2'가 양사 '点' 앞에 단독으로 쓰일 때는 '二'이 아닌 '两'을 쓴다.

자오량 今天几月几号?

Jīntiān jǐ yuè jǐ hào?

우림 五月三号❷。

Wǔ yuè sān hào.

자오량 今天星期几?

Jīntiān xīngqī jǐ?

우림 星期五。

Xīngqīwǔ.

자오량 下个星期六是十二号吧?

Xià ge xīngqīliù shì shí'èr hào ba?

우림 下个星期六不是十二号，是十一号。

Xià ge xīngqīliù bú shì shí'èr hào, shì shíyī hào.

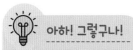
아하! 그렇구나!

❷ 중국어에서 날짜를 표현할 때는 주로 「숫자+号」의 형식을 이용하여 표현한다. 이때 '号'는 '日 rì'로 바꿔 쓸 수 있다. 다만 '日'는 주로 글말에 쓰인다.

린하이 你的生日是几月几号?
Nǐ de shēngrì shì jǐ yuè jǐ hào?

우림 三月四号。你呢?
Sān yuè sì hào. Nǐ ne?

린하이 五月六号。
Wǔ yuè liù hào.

우림 那么❸后天是你的生日，对吧?
Nàme hòutiān shì nǐ de shēngrì, duì ba?

린하이 对。　后天来我家吧。
Duì.　Hòutiān lái wǒ jiā ba.

우림 好。
Hǎo.

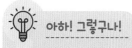 아하! 그렇구나!

❸ '那么'는 '那'라고 표현할 수도 있다.

시각의 표현

중국어로 시간을 표현할 때는 다음의 다섯 가지 표현(点 / 分 / 刻 / 半 / 差)이 쓰인다. '差'는 '부족하다', '모자라다'라는 의미로 우리말에서 '몇 시 몇 분 전'의 '전'에 해당하는 표현이다.

点 diǎn 시
刻 kè 15분
差 chà 부족하다, ～전

分 fēn 분
半 bàn 30분, 반

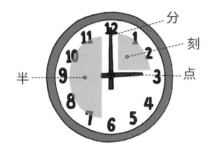

上午 shàngwǔ 오전   下午 xiàwǔ 오후

2:05	两点五分 liǎng diǎn wǔ fēn
2:15	两点十五分 liǎng diǎn shíwǔ fēn
	两点一刻 liǎng diǎn yí kè
2:20	两点二十分 liǎng diǎn èrshí fēn
2:30	两点三十分 liǎng diǎn sānshí fēn
	两点半 liǎng diǎn bàn
2:45	两点四十五分 liǎng diǎn sìshíwǔ fēn
	差一刻三点 chà yí kè sān diǎn

그림을 보고 시각을 중국어로 표현해 보세요.

 ①

 ②

③

_____

_____

_____

년, 월, 일, 요일 표현

① '연도'를 읽을 때는 각각의 숫자를 하나하나 읽은 후 뒤에 '年'을 붙여 읽어 준다.

② '월'을 읽을 때는 1~12를 읽은 후에 '月'를 붙여 읽는다.
예 **一月** yī yuè   **七月** qī yuè

③ '일'은 날짜 뒤에 '日' 또는 '号'를 붙여 읽는다. '日'는 글말에, '号'는 입말에 쓰인다.
예 **五日** wǔ rì   **五号** wǔ hào

④ 요일은 월요일부터 토요일까지는 '星期' 뒤에 숫자 '一'에서 '六'를 붙이고, 일요일은
'天'이나 '日'를 붙인다. '星期' 대신 '礼拜 lǐbài'를 쓰기도 한다.

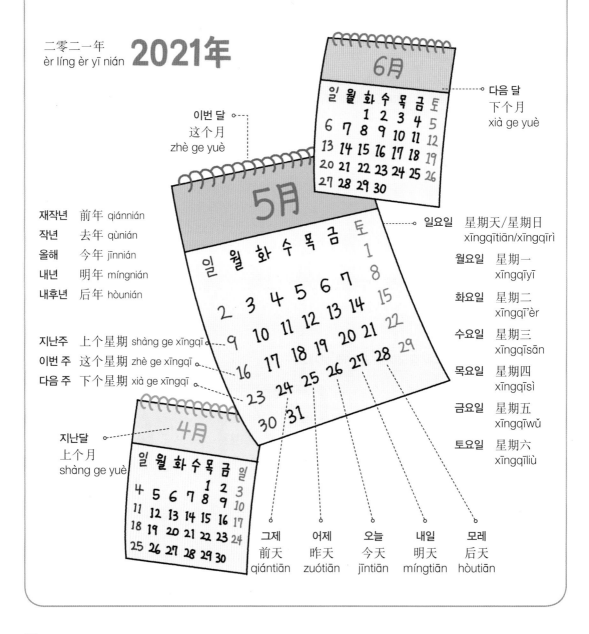

二零二一年
èr líng èr yī nián **2021年**

이번 달
这个月
zhè ge yuè

다음 달
下个月
xià ge yuè

재작년	前年 qiánnián	
작년	去年 qùnián	
올해	今年 jīnnián	
내년	明年 míngnián	
내후년	后年 hòunián	

지난주 上个星期 shàng ge xīngqī
이번 주 这个星期 zhè ge xīngqī
다음 주 下个星期 xià ge xīngqī

지난달
上个月
shàng ge yuè

일요일 星期天/星期日
xīngqītiān/xīngqīrì

월요일 星期一
xīngqīyī

화요일 星期二
xīngqī'èr

수요일 星期三
xīngqīsān

목요일 星期四
xīngqīsì

금요일 星期五
xīngqīwǔ

토요일 星期六
xīngqīliù

그제	어제	오늘	내일	모레
前天	昨天	今天	明天	后天
qiántiān	zuótiān	jīntiān	míngtiān	hòutiān

위의 달력에 나오는 년, 월, 일 표현을 읽어 보고 문장을 완성해 보세요.

① 去年是二零二零年，明年是_____。

② 昨天是星期五，明天是_____。

명사술어문

시간, 날짜, 요일 등을 나타내는 명사성 어구는 '是'자 없이 직접 술어로 쓰일 수 있는데 이를 '명사술어문'이라 한다. 그러나 부정할 때는 반드시 술어 앞에 '不是'를 써야 한다.

现在三点十分。
Xiànzài sān diǎn shí fēn.

现在不是三点十分。
Xiànzài bú shì sān diǎn shí fēn.

今天五月三号。
Jīntiān wǔ yuè sān hào.

今天不是五月三号。
Jīntiān bú shì wǔ yuè sān hào.

后天星期一。
Hòutiān xīngqīyī.

后天不是星期一。
Hòutiān bú shì xīngqīyī.

그림을 보고 질문에 대답해 보세요.

①

A 现在几点?

B _____。

②

A 今天5月6号吗?

B _____。

③

A 今天星期四吗?

B _____。

'吧'는 어기조사로 문장 끝에 쓰여 추측의 의미를 나타내는 의문문으로 사용할 수 있다.

他有弟弟吧?
Tā yǒu dìdi ba?

你是中国人吧?
Nǐ shì Zhōngguó rén ba?

명령이나 제안을 할 때 '吧'를 부가하면 표현이 부드러워진다.

明天来我家吧。
Míngtiān lái wǒ jiā ba.

我们去书店吧。
Wǒmen qù shūdiàn ba.

去 qù 동 가다

(1) 주어진 단어를 알맞게 배열하여 문장을 완성해 보세요.

① 你 / 吧 / 忙 / 工作   → _____

② 吧 / 是 / 后天 / 生日 / 你妹妹 / 的   → _____

③ 我家 / 吧 / 来 / 你们   → _____

(2) 다음 문장에서 쓰인 吧의 용법과 같은 의미의 '吧'가 있는 문장을 골라 보세요.

> 她是你妹妹吧?

① 星期天我们去北京大学吧。

② 明天是星期六吧?

③ 12点吃饭吧。
　　　└──→ chī fàn 동 밥을 먹다

1

你的生日是几月几号?

星期几 xīngqī jǐ
后天吗 hòutiān ma
下个星期六吧 xià ge xīngqīliù ba

2

你几点上课?

下课 xià kè
来 lái
吃饭 chī fàn

- 下课 xià kè 수업을 마치다

3

A 今天星期几?

B 今天星期三。

昨天 zuótiān
明天 míngtiān

星期二 xīngqī'èr
星期四 xīngqīsì

🎧 07-07

1 녹음을 듣고 각 녹음 내용과 일치하는 그림을 골라 보세요.

(1) _____ (2) _____ (3) _____ (4) _____

2 녹음을 듣고 녹음 내용과 일치하면 O, 일치하지 않으면 X를 표시해 보세요.

(1) 今天星期六。 (　　　)

(2) 明天是我的生日。 (　　　)

(3) 七月三号是星期天。 (　　　)

3 다음 년, 월, 일, 요일을 중국어로 읽어 보세요.

(1)

(2)

(3)

(4)

4 그림을 보고 보기 와 같이 '吧'를 이용하여 대화를 완성해 보세요.

보기

A 明天是<u>圣诞节</u>吧?
     └──→Shèngdàn Jié 몡 성탄절
B 对，明天是圣诞节。

(1)

A _____

B 对，我是中国人。

(2)

A _____

B 对，我去书店。

5 질문에 대답해 보세요.

(1) 现在几点?

(2) 今天几月几号?

(3) 今天星期几?

(4) 你的生日是几月几号?

(5) 你几点上课?

행운의 숫자 8! 불길한 숫자 4!

서양에 행운의 숫자 '7'이 있다면 중국에는 '8'이 있다!

숫자 '8'에 대한 중국인들의 선호는 가히 광적이라고 할 만하다. 실업자 지원금 마련을 위한 '전화번호 경매'에서 '8'이 여덟 번 연속 들어가는 '88888888'번이 중국 내 전화번호 경매 사상 최고가인 233만 위안(한화 약 3억 9610만원)에 낙찰되는가 하면, 2008년 베이징 올림픽 개막식은 '8'이 4개 들어가는 8월 8일 저녁 8시에 열렸다. 비단 올림픽뿐만 아니라 중국에서 각종 개업식이나 개소식 등은 8시 8분에 하는 것이 관례이다.

중국인들은 '8'을 왜 좋아할까? 바로 숫자 '8(八)'의 중국어 발음 'bā'가 '돈을 벌다'라는 의미인 '发财(fācái)'의 '发(fā)'와 유사해서 길하게 여겨지기 때문이다. 이 때문에 세계 유수 기업들의 대(對)중국 마케팅에는 종종 '8'이 이용되는데, 최대 항공기 제작사 보잉(Boeing)은 차세대 전략기종 '7E7 드림라이너'를 중국 시장을 겨냥해 '787 드림라이너'로 명명했다.

'6'과 '9' 또한 중국인들이 좋아하는 숫자이다. '6(六)'의 중국어 발음 'liù'는 '流(liú)'와 발음이 유사해서 '순조롭다'라는 의미를 상징하고, '9(九)'의 중국어 발음 'jiǔ'는 '久(jiǔ)'와 발음이 같아서 '오래 산다'라는 의미를 상징하기 때문이다.

이처럼 길한 숫자로 여겨져 사랑 받는 귀염둥이 '6', '8', '9'가 있다면, 불길한 숫자라고 모두가 마다하는 천덕꾸러기 '4'도 있다. 우리나라에서도 그렇지만 '四(sì)'는 발음이 '死(sǐ)'와 유사해서 죽음을 떠올리게 하기 때문에 차량 번호, 전화번호, 방 번호 등에는 '4'를 쓰는 것을 피한다.

중국인들이 자주하는 새해 인사말 恭喜发财(gōngxǐ fācái 부자되세요)가 번체자로 쓰여져 있는 카드.

'8'을 이용한 대(對)중국 마케팅의 예. 보잉(Boeing)의 '787 드림라이너'

08

복습 I

1~4과에서는 중국어의 발음과 함께 간단한 회화를 학습했고, 5~7과에서는 인사와 소개 표현, 시간과 날짜를 묻는 표현 등을 배웠습니다. 제8과 복습 I에서는 앞에서 배웠던 발음과 회화, 핵심 어법을 복습해 봅시다.

발음 핵심 체크

녹음을 듣고 다음 한어병음자모를 따라 읽어 보세요. 🎧08-01

성모

b	p	m	f	d	t	n	l
g	k	h	j	q	x		
z	c	s	zh	ch	sh	r	

운모

a	o	e	i	u	ü

ai	ao	ei	ou	ia	ie	iao	iou(iu)
ua	uo	uai	uei(ui)				

an	en	ang	eng	ong
ian	in	iang	ing	iong
uan	uen(un)	uang	ueng	
üe	üan	ün		

권설 운모

er

문제로 다지기

(1) 녹음을 듣고 해당하는 성모에 O표해 보세요. 🎧08-02

① b / p à   ② p / f ó   ③ c / ch ī   ④ g / k ē

⑤ l / r uò   ⑥ z / zh ōu   ⑦ s / sh āo   ⑧ d / t ōng

⑨ n / l uó   ⑩ j / q iā   ⑪ h / k ái   ⑫ zh / ch àng

(2) 녹음을 듣고 밑줄 친 부분에 해당하는 한어병음을 써 보세요. 🎧08-03

① x_____   ② k_____   ③ g_____   ④ zh_____

⑤ ch_____   ⑥ sh_____   ⑦ k_____   ⑧ z_____

⑨ h_____   ⑩ j_____   ⑪ l_____   ⑫ zh_____

단어 핵심 체크

주제별 단어 그림을 보면서 빈칸에 해당하는 단어의 한자를 써 넣어 보세요.

(1) 숫자

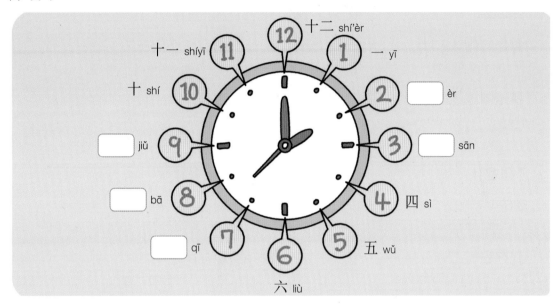

(2) 인칭대사

핵심 회화 표현을 복습해 보세요. 🎧 08-04

---

1 국적 묻기

A 你是哪国人?
Nǐ shì nǎ guó rén?

B 我是中国人。
Wǒ shì Zhōngguó rén.

---

2 직업 묻기

A 你在哪儿工作?
Nǐ zài nǎr gōngzuò?

B 我在银行工作。
Wǒ zài yínháng gōngzuò.

---

3 식구 수 묻기

A 你家有几口人?
Nǐ jiā yǒu jǐ kǒu rén?

B 三口人。
Sān kǒu rén.

---

4 가족 구성원 묻기

A 你家有什么人?
Nǐ jiā yǒu shénme rén?

B 爸爸、妈妈和我。
Bàba、māma hé wǒ.

我没有兄弟姐妹。
Wǒ méiyǒu xiōngdì jiěmèi.

---

5 나이 묻기

A 你今年多大?
Nǐ jīnnián duō dà?

B 三十二。
Sānshí'èr.

---

6 시간 묻기

A 现在几点?
Xiànzài jǐ diǎn?

B 现在两点半。
Xiànzài liǎng diǎn bàn.

---

7 날짜 묻기

A 今天几月几号?
Jīntiān jǐ yuè jǐ hào?

B 五月三号。
Wǔ yuè sān hào.

---

8 요일 묻기

A 今天星期几?
Jīntiān xīngqī jǐ?

B 今天星期五。
Jīntiān xīngqīwǔ.

네컷 만화를 보고, 말풍선 안의 우리말을 중국어로 바꿔 스토리를 완성해 보세요.

(1)

① _____ ② _____

③ _____ ④ _____

(2)

① _____ ② _____ ③ _____

④ _____ ⑤ _____ ⑥ _____

어법 핵심 체크

제대로 된 중국어 문장을 구사하려면 어법에 맞는 표현을 해야 합니다. 앞에서 배웠던 핵심 어법을 복습해 보세요.

是자문

「A是B」의 형식으로 주로 사용하고, 'A는 B이다'라는 뜻입니다. 부정은 不是!

我是韩国人。 나는 한국인입니다.
Wǒ shì Hánguó rén.

他不是老师。 그는 선생님이 아닙니다.
Tā bú shì lǎoshī.

개사 在

장소를 나타낼 때 '~에서'라는 의미의 개사 '在'를 씁니다. 이때 '在'는 장소를 나타내는 어구와 함께 동사 앞에 위치합니다.

他在中国念书。 그는 중국에서 공부를 합니다.
Tā zài Zhōngguó niàn shū.

你在哪儿学汉语? 당신은 어디에서 중국어를 배우나요?
Nǐ zài nǎr xué Hànyǔ?

学 xué 〔동〕 배우다, 학습하다

有자문

「A有B」는 'A는 B를 가지고 있다'의 뜻으로 소유나 존재를 나타냅니다. 부정은 没有!

我有两个弟弟。 나는 남동생 두 명이 있습니다.
Wǒ yǒu liǎng ge dìdi.

这儿没有银行。 여기에는 은행이 없습니다.
Zhèr méiyǒu yínháng.

这儿 zhèr 〔대〕 이곳, 여기

多+형용사

단음절 형용사 앞에 '多'가 붙으면 형용사의 정도를 묻는 의문문이 됩니다. '얼마나 ~하나?', '얼만큼 ~하나?'의 의미를 나타냅니다.

你今年多大? 당신은 올해 나이가 어떻게 되나요?
Nǐ jīnnián duō dà?

你个子多高? 당신은 키가 얼마나 큰가요?
Nǐ gèzi duō gāo?

조사 吧

'吧'는 어기조사로 문장 끝에 쓰여 추측을 나타냅니다.

你最近忙吧? 요즘 바쁘지요?
Nǐ zuìjìn máng ba?

今天很冷吧? 오늘 많이 춥지요?
Jīntiān hěn lěng ba?

冷 lěng 〔형〕 춥다

(1) 보기 에서 알맞은 단어를 골라 괄호 안에 넣어 보세요.

> 보기
> 是 　 有 　 在

① 他不(　　　)韩国人。　　② 他(　　　)哪儿学汉语?

③ 我没(　　　)手机。　　④ 我姐姐(　　　)美国工作。

⑤ 我(　　　)两个哥哥。　　⑥ 我们都(　　　)北京大学的学生。

(2) 보기 에서 알맞은 단어를 골라 괄호 안에 넣어 보세요.

> 보기
> 多 　 吧 　 口 　 个

① 他也来(　　　)?　　② A: 你个子(　　　)高?
　　　　　　　　　　　　　B: 一米七。

③ 我家有三(　　　)人。　　④ 我有三(　　　)中国朋友。

⑤ 你爷爷今年(　　　)大年纪?　　⑥ 他不是韩国人(　　　)?

(3) 괄호 안의 단어를 이용하여 주어진 우리말 문장을 중국어로 바꿔 보세요.

① 당신은 중국인이시죠? (是，吧)

→ _____

② 나는 대학에서 영어를 가르칩니다. (在，大学，英语)

→ _____

③ 그에게는 두 명의 여동생이 있습니다. (有，两，妹妹)

→ _____

④ 당신은 올해 나이가 어떻게 되세요? (大)

→ _____

중국 그리고 중국 문화

중국의 큰 명절에는 어떤 것이 있을까?

우리나라의 최대 명절은 설날과 추석이다. 그렇다면 중국의 최대 명절로는 어떤 것이 있을까? 중국인들이 뽑은 전통 명절 Best 3를 소개한다.

춘제(春节 Chūn Jié, 음력 1월 1일)

중국 최대의 명절이다. 고향에 설을 쇠러 가는 사람들로 인해 그 야말로 '대이동'이 일어난다. 땅덩이도 큰데다 인구도 어마어마하니 그 이동의 규모가 얼마나 클지 가히 상상할 수 있을 것이다. '춘롄(春联)', '녠화(年画)'로 집 안팎을 장식하고, 전날 밤에는 온 가족이 모여 풍성한 음식을 먹고, 밤을 새워 새해를 맞이한다. 춘제 당일에는 친지들의 집에 가서 인사를 하며 서로의 희망찬 새해를 기원한다.

↳ 녠화

뚜안우제(端午节 Duānwǔ Jié, 음력 5월 5일)

초(楚)나라 시인 '굴원(屈原)'을 기념하는 날이다. 그는 자신의 정치적 이상을 실현하지 못하고 초나라의 멸망을 막지 못해 강에 투신했다. 사람들은 배를 타고 그의 시체를 찾으면서 물고기가 그 시체를 먹지 않게 찹쌀밥을 강물 속에 던졌다고 한다. 여기에서 유래해 뚜안우제에는 찹쌀밥에 고기, 버섯 등을 넣고 대나무 잎에 싸서 쪄낸 '쫑즈(粽子)'를 먹으며, 용머리를 배에 장식한 배인 '룽저우(龙舟)'를 타고 경기하는 행사를 갖는다.

↳ 룽저우 경기

↳ 쫑즈

중치우제(中秋节 Zhōngqiū Jié, 음력 8월 15일)

음력 8월 15일은 가을의 중앙이라고 하여 '中秋'라고 한다. 둥글고 밝은 달을 보면서 집안이 화목하기를 기원하며 둥근 달 모양의 '위에빙(月饼)'을 먹는다. 중국에서 판매되는 위에빙은 종류와 모양이 굉장히 다양하며, 가격도 천차만별이다.

↳ 위에빙

多少钱?

얼마입니까?

이 과의 학습 목표

1 물건을 구입하는 여러 가지 표현을 말할 수 있다.

2 가격을 묻고 흥정하는 표현을 말할 수 있다.

- 要 yào 　[조동] ~하려 하다
　　　　　[동] 원하다, 필요로 하다

- 买 mǎi 　[동] 사다

- 这 zhè 　[대] 이, 이것

- 件 jiàn 　[양] 벌 [옷을 세는 단위]

- 衣服 yīfu 　[명] 옷, 의복

- 多少 duōshao 　[대] 얼마, 얼마쯤

- 钱 qián 　[명] 돈

- 百 bǎi 　[수] 백(100)

- 别的 biéde 　[명] 다른 것, 딴 것

- 颜色 yánsè 　[명] 색

- 那 nà 　[대] 저, 저것, 그, 그것

- 黄色 huángsè 　[명] 노란색

- 好看 hǎokàn 　[형] 근사하다, 보기 좋다

- 可以 kěyǐ 　[조동] ~해도 좋다, ~할 수 있다

- 试 shì 　[동] (시험 삼아) 해 보다

- 一下 yíxià 　[수량] 한번

- 这么 zhème 　[대] 이렇게

- 贵 guì 　[형] (값이) 비싸다

- 能 néng 　[조동] ~할 수 있다

- 便宜 piányi 　[형] (값이) 싸다

- (一)点儿 (yì)diǎnr 　[수량] 조금, 약간

- 就 jiù 　[부] 곧, 바로

- 荔枝 lìzhī 　[명] 리치

- 怎么 zěnme 　[대] 어떻게, 어째서

- 卖 mài 　[동] 팔다

- 块 kuài 　[양] 위안 [중국의 화폐 단위]

- 斤 jīn 　[양] 근 [무게 단위]

- 橘子 júzi 　[명] 귤

- 一共 yígòng 　[부] 모두

114

리듬을 따라하며 문장의 구조를 자연스럽게 익혀 보세요.　🎧 09-02

这个多少钱?
Zhè ge duōshao qián?

이것은 얼마입니까?

♪ 多少钱
这个／多少钱?

能不能便宜点儿?
Néng bu néng piányi diǎnr?

싸게 해줄 수 있습니까?

♪ 便宜点儿
能不能／便宜点儿?

③

荔枝怎么卖?
Lìzhī zěnme mài?

리치는 어떻게 팝니까?

♪ 怎么
怎么卖
荔枝／怎么卖?

我要买一斤荔枝。
Wǒ yào mǎi yì jīn lìzhī.

저는 리치 한 근을 사려고 합니다.

♪ 买荔枝
买／一斤荔枝
我／要买／一斤荔枝。

1 ··· 🎧 09-03

판매원 您好! 您要买什么?
Nín hǎo! Nín yào mǎi shénme?

나현 这件衣服多少钱?
Zhè jiàn yīfu duōshao qián?

판매원 一百五。
Yìbǎiwǔ.

나현 有没有别的颜色的❶?
Yǒu méiyǒu biéde yánsè de?

판매원 那件黄色的怎么样?
Nà jiàn huángsè de zěnmeyàng?

나현 很好看。我可以试❷一下吗?
Hěn hǎokàn. Wǒ kěyǐ shì yíxià ma?

판매원 可以。
Kěyǐ.

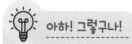
아하! 그렇구나!
----

❶ '的'는 명사를 수식하는 말 뒤에 오는데, 이때 수식 받는 명사는 생략될 수 있다. '黄色的'는 '黄色的衣服'의 생략된 형태이다.

❷ 동사 '试'는 '옷을 입어 보다'라는 뜻으로 많이 쓰인다.

우림　这个多少钱?
Zhè ge duōshao qián?

판매원　三百二。
Sānbǎi'èr.

우림　这么贵! 能不能便宜点儿❸?
Zhème guì! Néng bu néng piányi diǎnr?

판매원　那就❹三百吧。
Nà jiù sānbǎi ba.

 아하! 그렇구나!

❸ '……(一)点儿 (yì)diǎnr'은 '좀 ~하다'라는 뜻으로 동사나 형용사 뒤에 온다.

❹ '那就'는 상황에 따르거나 상대방의 의견에 동의할 때 많이 사용하는 표현으로 '그러면' '그렇다면'의 뜻을 나타낸다.

나현 **荔枝怎么卖？**
Lìzhī zěnme mài?

판매원 **十三块钱一斤。**
Shísān kuài qián yì jīn.

나현 **橘子呢？**
Júzi ne?

판매원 **一斤四块五❺。**
Yì jīn sì kuài wǔ.

나현 **我要一斤荔枝和三斤橘子。一共多少钱？**
Wǒ yào yì jīn lìzhī hé sān jīn júzi. Yígòng duōshao qián?

판매원 **二十六块五。**
Èrshíliù kuài wǔ.

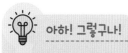 아하! 그렇구나!

❺ '一斤四块五'는 '四块五一斤'으로도 표현할 수 있다.

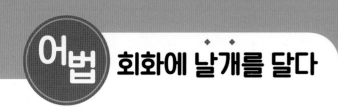

런민삐 읽는 방법

중국 화폐 런민삐(人民币 rénmínbì)의 단위는 다음과 같다. 괄호 안에 있는 '元 yuán'과 '角 jiǎo'는 글말에서 사용하는 표현이다.

块 kuài (元 yuán) - 毛 máo (角 jiǎo) - 分 fēn

23.4 0

⇒ 二十三块四(毛)

① 화폐의 마지막 단위는 생략해서 읽기도 한다.
  예 4.8元 → 四块八

② 화폐의 중간 단위가 비어 있을 때는 '零'으로 읽어 준다.
  예 20.06元 → 二十块零六分

③ 2가 첫 번째 화폐 단위 앞에 놓일 때는 '两'으로 읽어 준다.
  예 2.22元 → 两块二毛二

다음 런민삐를 읽어 보세요.

① 5.16元　　② 15.07元　　③ 205元　　④ 35.00元

정반(正反)의문문

술어에 동사나 형용사의 긍정 형식과 부정 형식을 병렬하면 의문문이 되는데, 이를 정반(正反)의문문이라고 한다.

有没有别的颜色的?
Yǒu méiyǒu biéde yánsè de?

你忙不忙?
Nǐ máng bu máng?

你去不去学校?
Nǐ qù bu qù xuéxiào?

你是不是韩国人?
Nǐ shì bu shì Hánguó rén?

学校 xuéxiào 명 학교

밑줄 친 부분에 정반의문문을 넣어서 대화를 완성해 보세요.

① A 明天_____你的生日?

   B 明天是我的生日。

② A 你_____弟弟?

   B 我没有弟弟。

조동사

동사의 앞에 쓰여 바람, 의지, 희망, 당위 등을 나타내는 것을 조동사라고 한다.

① 要: '~하려 하다', '~하겠다'라는 의미로 주관적인 의지를 나타낸다. 부정형은 '不想'으로 '~하고 싶지 않다'라는 의미를 나타낸다.

我要学汉语。 Wǒ yào xué Hànyǔ.	我不想去。 Wǒ bù xiǎng qù.

② 可以: '~해도 된다'라는 의미로 객관적인 허가, 허락을 나타낸다. 부정형은 '不可以'로 '~해서는 안 된다'라는 금지의 의미이다.

明天你可以来我家。 Míngtiān nǐ kěyǐ lái wǒ jiā.	A 我可以走吗? B 不可以。 Wǒ kěyǐ zǒu ma? Bù kěyǐ.

走 zǒu 동 가다, 떠나다

③ 能: '~할 수 있다'라는 의미로 능력, 가능성을 나타낸다. 부정형은 '不能'으로 '~할 수 없다'라는 의미를 나타낸다.

我能教汉语。 Wǒ néng jiāo Hànyǔ.	明天我很忙，不能来。 Míngtiān wǒ hěn máng, bù néng lái.

괄호 안의 단어를 알맞게 배열하여 문장을 완성해 보세요.

① 明天是我的生日，_____吗? (能 / 我家 / 来 / 你)

② 我_____吗? (可以 / 书 / 你的 / 借)

→ jiè 동 빌리다

③ 你_____? (要 / 颜色的 / 什么 / 买)

🎧 09-06

1 这件衣服多少钱?

那个黄色的 nà ge huángsè de
这本书 zhè běn shū
一斤荔枝 yì jīn lìzhī

2 你买不买?

做 zuò　　做 zuò
去 qù　　　去 qù
来 lái　　　来 lái

3 我要买一斤荔枝。

一件衣服 yí jiàn yīfu
一本书 yì běn shū
一瓶啤酒 yì píng píjiǔ

・瓶 píng 병　・啤酒 píjiǔ 맥주

실력이 늘다

1 녹음을 듣고 여자가 무엇을 얼마나 주고 샀는지 골라 보세요.

ⓐ    ⓑ    ⓒ    ⓓ

2 그림을 보고 질문에 답해 보세요.

20元/杯   35元/本   3.5元/斤

12元/斤   158元/件

(1) 녹음을 듣고 남자가 사는 물건은 모두 얼마인지 적어 보세요.

(2) 위 그림을 이용하여 2명씩 짝지어 자유롭게 가격을 물어보고 물건을 사는 대화를 나누어 보세요.

3 본문 회화의 내용을 참고하여 빈칸을 채워 대화해 보세요.

(1) A 这件衣服＿＿＿＿＿＿钱?

    B 一百块。

    A ＿＿＿＿＿＿别的颜色的?

    B 没有别的颜色。

(2) A 苹果＿＿＿＿＿＿卖?
       └→ píngguǒ 몡 사과

    B 三块一斤。

    A 能不能＿＿＿＿＿＿?

    B 那就便宜点儿吧。

4 알맞은 조동사 혹은 그 부정형을 넣어 문장을 완성해 보세요.

(1) A 你要试这件衣服吗?

    B 我＿＿＿＿＿＿试这件衣服，太贵了。

(2) A 现在你＿＿＿＿＿＿去北京大学吗?

    B 现在我去见朋友，＿＿＿＿＿＿去北京大学。

(3) A 你要喝咖啡吗?
          └→ kāfēi 몡 커피

    B 我＿＿＿＿＿＿喝咖啡，我＿＿＿＿＿＿喝水。
             └→ hē 동 마시다

중국의 화폐는 어떤 모습일까?

중국의 화폐는 '런민삐(人民币 rénmínbì)'라고 부른다. '人民币'의 한어병음 'rénmínbì' 각 음절의 첫 자음을 따서 'RMB'라고 줄여서 말하기도 한다. 국제 무역에서는 런민삐를 CNY (Chinese Yuan)라고 한다. 런민삐의 화폐 단위는 위안(元 yuán)인데 한어병음 'yuán'의 첫 글자의 대문자 'Y'에 두 개의 가로선을 그은 '¥'로 화폐 단위를 표기한다.

런민삐의 지폐로는 100위안, 50위안, 20위안, 10위안, 5위안, 1위안이 있다. 중화인민공화국 건국 이래로 화폐의 도안은 5차례 바뀌었다. 현재 통용되는 지폐는 모두 앞면에 마오쩌둥(毛泽东)의 초상이 있고, 앞면의 중앙에는 중국의 전통 꽃무늬 도안이 있다. 그리고 100위안에는 매화, 50위안에는 국화, 20위안에는 연꽃, 10위안에는 월계화, 5위안에는 수선화, 1위안에는 난초꽃 문양이 있다. 지폐 뒷면의 도안은 모두 중국의 대표적인 명승지이다. 100위안에는 런민따후이탕(人民大會堂), 50위안에는 뿌다라궁(布达拉宫), 20위안에는 구이린(桂林)의 리장(漓江), 10위안에는 창장싼샤(長江三峽), 5위안에는 타이산(泰山), 1위안에는 항저우(杭州)의 시후(西湖)가 있다.

동전으로는 1위안(元), 5자오(角), 1자오(角)가 있는데 모두 중국인이 좋아하는 꽃 문양이 새겨져 있다. 1위안에는 국화, 5자오에는 연꽃, 1자오에는 난초가 새겨져 있다.

마오쩌둥의 초상화가 그려진 런민삐 지폐의 앞면

꽃 문양이 새겨져 있는 런민삐 동전 및 중국의 대표적인 명승지가 그려진 지폐의 뒷면

10

你想吃什么?

당신은 무엇을 먹고 싶습니까?

이 과의 학습 목표

1

식사 및 주문과 관련된
여러 가지 표현을 말할
수 있다.

2

경험을 나타내는 표현을
익힌다.

- 吃 chī 동 먹다

- 过 guo 조 ~한 적이 있다 [동사 뒤에서 과거의 경험을 나타냄]

- 菜 cài 명 요리

- 喜欢 xǐhuan 동 좋아하다

- 会 huì 조동 ~(을) 할 줄 안다

- 周末 zhōumò 명 주말

- 一起 yìqǐ 부 함께, 같이

- 去 qù 동 가다

- 想 xiǎng 조동 바라다, ~하고 싶다

- 懂 dǒng 동 알다, 이해하다

- 点 diǎn 동 (음식을) 시키다, 주문하다

- 服务员 fúwùyuán 명 종업원

- 糖醋牛肉 tángcù niúròu 명 탕추니우러우 [요리명]

- 鱼香茄子 yúxiāng qiézi 명 위샹치에즈 [요리명]

- 宫保鸡丁 gōngbǎo jīdīng 명 꿍바오지딩 [요리명]

- 汤 tāng 명 탕

- 碗 wǎn 양 그릇

- 酸辣汤 suānlàtāng 명 쏸라탕 [요리명]

- 还 hái 부 또, 더 [항목, 수량이 증가하거나 범위가 확대되는 것을 나타냄]

- 了 le 조 [문장 끝에 쓰여 변화를 나타냄]

- 道 dào 양 [요리를 세는 데 쓰임]

- 四川 Sìchuān 고유 쓰촨 [지명]

- 从来 cónglái 부 지금까지, 여태껏

- 好吃 hǎochī 형 맛있다

- 再 zài 부 그 위에, 더

- 太 tài 부 너무, 아주

- 饱 bǎo 형 배부르다

- 喝 hē 동 마시다

- 茶 chá 명 차

 리듬을 만나다

리듬을 따라하며 문장의 구조를 자연스럽게 익혀 보세요. 10-02

1

你吃过中国菜吗?

Nǐ chī guo Zhōngguó cài ma?

당신은 중국 음식을 먹어 본 적이 있습니까?

♪ 吃过

吃过 / 中国菜

你 / 吃过 / 中国菜吗?

2

你会做中国菜吗?

Nǐ huì zuò Zhōngguó cài ma?

중국 음식을 할 줄 압니까?

♪ 会做 / 中国菜

会做 / 中国菜吗

你 / 会做 / 中国菜吗?

3

来一碗酸辣汤。

Lái yì wǎn suānlàtāng.

쏸라탕 한 그릇 주십시오.

♪ 酸辣汤

一碗 / 酸辣汤

来一碗 / 酸辣汤。

4

你想吃什么?

Nǐ xiǎng chī shénme?

당신은 무엇을 먹고 싶습니까?

♪ 吃什么

想吃 / 什么

你 / 想吃 / 什么?

1 .... 🎧 10-03

자오량 你吃过中国菜吗?
Nǐ chī guo Zhōngguó cài ma?

우림 吃过。我很喜欢吃中国菜。
Chī guo. Wǒ hěn xǐhuan chī Zhōngguó cài.

자오량 你会做中国菜吗?
Nǐ huì zuò Zhōngguó cài ma?

우림 不会。
Bú huì.

자오량 周末一起去吃中国菜，好吗?
Zhōumò yìqǐ qù chī Zhōngguó cài, hǎo ma?

우림 好。
Hǎo.

린하이 　你想吃什么？
　　　Nǐ xiǎng chī shénme?

나현 　我不懂中国菜，你点吧！
　　　Wǒ bù dǒng Zhōngguó cài, nǐ diǎn ba!

린하이 　服务员！来❶一个糖醋牛肉，一个鱼香茄子，
　　　Fúwùyuán! Lái yí ge tángcù niúròu, yí ge yúxiāng qiézi,

　　　一个宫保鸡丁。
　　　yí ge gōngbǎo jīdīng.

종업원 　要汤吗？
　　　Yào tāng ma?

린하이 　来一碗酸辣汤。
　　　Lái yì wǎn suānlàtāng.

종업원 　还要别的吗？
　　　Hái yào biéde ma?

린하이 　不要了❷，谢谢。
　　　Bú yào le,　xièxie.

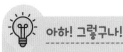 아하! 그렇구나!

❶ '来'는 일반적으로 '오다'라는 의미로 많이 쓰이지만, 여기서는 '~을 가져다 달라', '~을 주문하겠다'라는 의미로 쓰였다.

❷ 문장 끝의 '了'는 문장이 나타내는 상황으로 변화되었음을 의미한다. 「不……了」는 '더 이상 ~하지 않다'라는 뜻을 나타낸다.

나현   这道四川菜，我从来没❸吃过。
        Zhè dào Sìchuān cài, wǒ cónglái méi chī guo.

린하이   怎么样？好吃吗？
        Zěnmeyàng? Hǎochī ma?

나현   很好吃。
        Hěn hǎochī.

린하이   再吃一点儿吧。
        Zài chī yìdiǎnr ba.

나현   太饱了❹。
        Tài bǎo le.

린하이   那喝一点儿茶。
        Nà hē yìdiǎnr chá.

나현   好。
        Hǎo.

 아하! 그렇구나!

❸ 동사 앞에 '没'를 부가하면 '~하지 않았다'라는 뜻을 나타낸다.

❹ '太'가 형용사를 수식할 때 일반적으로 문장 끝에 '了'가 함께 오며, '너무 ~하다'라는 뜻을 나타낸다.

시태조사 过

시태조사 '过'는 동사의 뒤에서 「동사+过」의 형식으로 쓰여 이미 발생한 과거의 경험을 나타낸다. 부정문은 「没+동사+过」 형식을 사용한다.

我吃过中国菜。
Wǒ chī guo Zhōngguó cài.

你学过汉语吗?
Nǐ xué guo Hànyǔ ma?

他没来过我家。
Tā méi lái guo wǒ jiā.

你没去过北京吗?
Nǐ méi qù guo Běijīng ma?

'过'가 들어갈 곳에 ∨표해 보세요.

① 我(　　)在(　　)北京(　　)见(　　)他。

② 他(　　)在(　　)中国(　　)学(　　)汉语。

③ 我(　　)从来(　　)没(　　)吃(　　)四川菜。

조동사 会, 想

① 会: 주로 학습이나 연습을 통해 어떤 기술이나 기능을 터득하여 할 수 있는 능력을 나타낸다.

我会做中国菜。
Wǒ huì zuò Zhōngguó cài.

你不会说汉语吗?
Nǐ bú huì shuō Hànyǔ ma?

说 shuō 〔동〕 말하다

② 想: 어떤 일을 하고 싶은 소망이나 기대를 나타낸다.

我想去中国。
Wǒ xiǎng qù Zhōngguó.

他不想来这儿。
Tā bù xiǎng lái zhèr.

주어진 단어를 알맞게 배열하여 문장을 완성해 보세요.

① 他 / 说 / 不 / 英语 / 会

→ _____

② 你 / 吃 / 什么 / 想

→ _____

③ 我 / 不 / 茶 / 想 / 喝

→ _____

연동문

동일한 하나의 주어에 대해 두 개 이상의 동사나 동사구를 연이어 배열하면 순서에 따라 동작이 발생함을 나타낼 수 있는데, 이러한 문장을 연동문이라고 한다.

		동사1	동사2	
我们	一起	去	玩儿	吧。
Wǒmen	yìqǐ	qù	wánr	ba.

		동사1		동사2	
你	明天	来	我家	吃饭，	好吗?
Nǐ	míngtiān	lái	wǒ jiā	chī fàn,	hǎo ma?

玩儿 wánr 통 놀다

두 문장을 합쳐서 하나의 문장으로 표현해 보세요.

① 我去他家。我吃饭。

→ _____

② 我去中国。我学汉语。

→ _____

③ 他来韩国。他见朋友。

→ _____

1 我吃过中国菜。

日本菜　Rìběn cài
法国菜　Fǎguó cài
印度菜　Yìndù cài

- 日本 Rìběn 일본　• 法国 Fǎguó 프랑스　• 印度 Yìndù 인도

2 你会做中国菜吗?

说汉语　shuō Hànyǔ
游泳　yóuyǒng
开车　kāi chē

- 游泳 yóuyǒng 수영하다　• 开车 kāi chē 운전하다

3 来一碗酸辣汤。

个　ge　　　　鸡蛋炒饭　jīdàn chǎofàn
瓶　píng　　　可乐　kělè
瓶　píng　　　啤酒　píjiǔ

- 鸡蛋炒饭 jīdàn chǎofàn 계란볶음밥　• 可乐 kělè 콜라

🎧 10-07

1 녹음을 듣고 빈칸을 알맞게 채워 대화를 완성해 보세요.

(1) A 你_____中国菜吗?

B _____。我很_____吃中国菜。

A 周末一起_____中国菜,_____?

B 好。

(2) A 这道四川菜,我从来_____。

B 怎么样?_____?

A _____。

B 再_____吧。

A _____。

B 那_____茶。

A 好。

2 녹음을 듣고 각 녹음 내용과 일치하는 상황을 골라 보세요.

(1) _____ (2) _____ (3) _____ (4) _____

ⓐ    ⓑ   ⓒ    ⓓ

3 식당에서 주문할 수 있는 음식들이 나열돼 있습니다. 보기 의 문장을 참고하여 음식점에서 나눌 수 있는 대화를 만들어 보세요.

보기

来一瓶_____。　　服务员！　　来一个_____，_____。
不要了。　　　　　　要汤吗？　　来一碗_____。　　还要别的吗？

宫保鸡丁 gōngbǎo jīdīng
꿍바오지딩

可乐 kělè
콜라

啤酒 píjiǔ
맥주

鸡蛋炒饭 jīdàn chǎofàn
계란볶음밥

糖醋牛肉 tángcù niúròu
탕추니우러우

鱼香茄子 yúxiāng qiézi
위샹치에즈

酸辣汤 suānlàtāng
쏸라탕

4 B의 대답을 보고 조동사에 주의해서 질문을 유추해 보세요.

(1) A _____?

　　B 我想吃宫保鸡丁。

(2) A _____?

　　B 我不会说英语。

(3) A _____?

　　B 我不想去印度。

먹을거리 천지 중국, 지역에 따른 음식의 특징

음식 문화의 대국 중국! 지리 환경, 기후 조건, 문화와 전통, 민족 풍습 등의 차이로 지역마다 독특한 음식 문화를 형성하고 있다. 각 지역의 음식 중에서 지명도가 높고 대중의 사랑을 받는 네 지역의 음식을 '4대 요리'라고 하는데, 이는 산둥(山东)요리, 장쑤(江苏)요리, 쓰촨(四川)요리, 광둥(广东)요리를 말한다.

4대 요리의 특징

산둥요리의 대표 요리인 탕추리위(糖醋鯉鱼)

산둥요리 맛이 진하고 마늘과 파를 많이 넣으며 해산물, 국물 요리가 뛰어 난 것이 특징이다.

장쑤요리의 대표 요리인 둥퍼러우(东坡肉)

장쑤요리 재료의 선택이 엄격하고 조리 방법이 세심한 것이 특징이다.

쓰촨요리의 대표 요리인 마퍼더우푸(麻婆豆腐)

쓰촨요리 일교차가 큰 기후적 영향으로 매운 음식이 발달했다.

광둥요리의 대표 요리인 딤섬(点心)

광둥요리 요리의 재료가 다양하고 신기 하며, 음식의 맛이 시원하고 담백한 것이 특징이다.

11

张明在吗?

장밍 있습니까?

이 과의 학습 목표

1

중국어로 전화를 걸고 받는 표현을 말할 수 있다.

2

겸어문을 익히고 사역 표현을 할 수 있다.

- 喂 wéi, wèi 〔감〕 여보세요 [부르는 소리]

- 张明 Zhāng Míng 〔고유〕 장밍 [인명]

- 在 zài 〔동〕 있다

- 打 dǎ 〔동〕 (전화를) 걸다

- 手机 shǒujī 〔명〕 휴대 전화

- 一直 yìzhí 〔부〕 계속해서, 줄곧

- 关机 guānjī 〔동〕 (기계의) 전원을 끄다

- 可能 kěnéng 〔부〕 아마도

- 晚上 wǎnshang 〔명〕 저녁, 밤

- 回来 huílái 〔동〕 돌아오다

- 位 wèi 〔양〕 분 [경어]

- 以后 yǐhòu 〔명〕 이후, 금후

- 请 qǐng 〔동〕 요청하다, 부탁하다

- 一定 yídìng 〔부〕 반드시, 꼭

- 给 gěi 〔개〕 ~에게

- 回 huí 〔동〕 대답하다, 회답하다

- 电话 diànhuà 〔명〕 전화

- 转告 zhuǎngào 〔동〕 전언하다, 전달하다

- 先生 xiānsheng 〔명〕 선생, 씨 [성인 남자에 대한 존칭]

- 这儿 zhèr 〔대〕 여기, 이곳

- 那儿 nàr 〔대〕 거기, 그곳

- 上海 Shànghǎi 〔고유〕 상하이 [지명]

- 当然 dāngrán 〔부〕 당연히, 물론

- 到 dào 〔동〕 도착하다

- 叫 jiào 〔동〕 ~하게 하다, ~하도록 하다

문장 리듬을 만나다

리듬을 따라하며 문장의 구조를 자연스럽게 익혀 보세요.　🎧 11-02

张明在吗?

Zhāng Míng zài ma?

장밍 있습니까?

♪ 在吗

张明／在吗?

这儿没有姓金的。

Zhèr méiyǒu xìng Jīn de.

여기에는 성이 '진'인 사람은 없습니다.

♪ 姓金的

没有／姓金的

这儿／没有／姓金的。

我一定转告他。

Wǒ yídìng zhuǎngào tā.

반드시 그에게 전할게요.

♪ 转告他

一定／转告他

我／一定／转告他。

叫她给我打电话。

Jiào tā gěi wǒ dǎ diànhuà.

그녀에게 나한테 전화하라고 해.

♪ 打电话

给我／打电话

叫她／给我／打电话。

1 .... 🎧 11-03

자오량　喂❶，张明在吗？
　　　　Wéi,　Zhāng Míng zài ma?

장밍 엄마　他不在。您打他的手机吧！
　　　　　Tā bú zài. Nín dǎ tā de shǒujī ba!

자오량　打了，可他的手机一直关机。
　　　　Dǎ le,　kě tā de shǒujī yìzhí guānjī.

장밍 엄마　是吗？他可能晚上回来❷。您是哪一位？
　　　　　Shì ma? Tā kěnéng wǎnshang huílái. Nín shì nǎ yí wèi?

자오량　我叫赵亮。那他回来以后，
　　　　Wǒ jiào Zhào Liàng. Nà tā huílái yǐhòu,

　　　　请他一定给我回个电话，好吗？
　　　　qǐng tā yídìng gěi wǒ huí ge diànhuà, hǎo ma?

장밍 엄마　好，我一定转告他。
　　　　　Hǎo,　wǒ yídìng zhuǎngào tā.

아하! 그렇구나!

❶ '喂'의 성조는 제4성이지만, 전화를 받을 때는 일반적으로 제2성으로 발음한다.
❷ '回来'는 '돌아오다', '回去'는 '돌아가다'라는 뜻이다.

우림   喂，金先生在吗？
Wéi, Jīn xiānsheng zài ma?

여자   这儿没有姓金的。
Zhèr méiyǒu xìng Jīn de.

우림   您那儿❸不是563271❹89吗？
Nín nàr bú shì wǔ liù sān èr qī yāo bā jiǔ ma?

여자   不。这儿是56321789。
Bù.   Zhèr shì wǔ liù sān èr yāo qī bā jiǔ.

우림   对不起。
Duìbuqǐ.

 아하! 그렇구나!

❸ 인칭대사의 뒤에 '那儿'이나 '这儿'을 붙이면 '~가 있는 곳'이란 뜻을 나타낸다.
   예 他那儿, 我这儿

❹ 버스 번호, 방 번호, 전화번호에 사용되는 숫자 '一'는 'yāo'로 읽는다.

제룬 喂？
Wéi?

나현 喂，杰伦，你好！
Wéi, Jiélún, nǐ hǎo!

제룬 娜贤，有什么事吗？
Nàxián, yǒu shénme shì ma?

나현 后天你忙不忙？
Hòutiān nǐ máng bu máng?

제룬 不太忙，怎么了？
Bú tài máng, zěnme le?

나현 我的一个朋友后天去上海，
Wǒ de yí ge péngyou hòutiān qù Shànghǎi,

你能见她吗？
nǐ néng jiàn tā ma?

제룬 当然！到上海以后叫她给我打电话。
Dāngrán! Dào Shànghǎi yǐhòu jiào tā gěi wǒ dǎ diànhuà.

나현 好，谢谢！
Hǎo, xièxie!

겸어문

한 문장 안에 동사가 두 개 나오면서, 앞에 나오는 동사의 목적어가 뒤에 나오는 동사의 주어 역할을 겸하는 문장을 겸어문이라고 한다.

겸어문의 기본 구조

你　请　他　打　电话　吧!

Nǐ　qǐng　tā　dǎ　diànhuà　ba!

주어 1　동사 1　목적어　동사 2　　목적어

　　　　　　주어 2

　　　　→ 겸어

겸어문은 주로 사역의 의미를 갖는 동사로 구성된다. 대표적인 사역 동사로는 '请', '叫' 등을 들 수 있다.

① 请: 「请+인칭대사+동사」의 형식으로 쓰여 '~에게 ~하도록 (요)청하다'라는 의미를 나타낸다.

你请他打电话吧!
Nǐ qǐng tā dǎ diànhuà ba!

我想请你吃饭。
Wǒ xiǎng qǐng nǐ chī fàn.

② 叫: 「叫+인칭대사+동사」의 형식으로 쓰여 '~에게 ~하도록 시키다'라는 의미를 나타낸다.

你叫他明天回来吧!
Nǐ jiào tā míngtiān huílái ba!

老师叫我回家。
Lǎoshī jiào wǒ huí jiā.

回家 huí jiā 동 집으로 돌아가다, 집으로 돌아오다

---

(1) 주어진 단어를 어순에 맞게 배열하여 문장을 완성해 보세요.

① 我 / 请他 / 回个电话 / 给

→ _____

② 请他 / 我家 / 我想 / 来

→ _____

(2) '叫'를 이용하여 주어진 우리말 문장을 중국어로 작문해 보세요.

① 선생님이 너더러 내일 학교에 오라고 하셨어!

→ _____

② 엄마가 오빠한테 밥 먹으라고 하신다.

→ _____

<table>
<tr><td>개사 给</td></tr>
</table>

• 개사 '给'는 「给+인칭대사+동사」의 형식을 사용하여 '~에게 ~을 (해)주다'라는 의미를 나타낸다.

我想给他买一本书。
Wǒ xiǎng gěi tā mǎi yì běn shū.

你明天给我打个电话!
Nǐ míngtiān gěi wǒ dǎ ge diànhuà!

• **주어진 단어를 어순에 맞게 배열하여 문장을 완성해 보세요.**

① 不想 / 回电话 / 给他

→ _____

② 买这本书 / 给你 / 我 / 吧

→ _____

③ 你 / 这件衣服 / 吗 / 想 / 给他 / 买

→ _____

1

张明在吗?

朴小姐 Piáo xiǎojie
刘女士 Liú nǚshì
金先生 Jīn xiānsheng

• 小姐 xiǎojie 아가씨　• 女士 nǚshì 여사

2

您那儿不是56327189吗?

银行 yínháng
北京大学 Běijīng Dàxué
娜贤家 Nàxián jiā

3

我的一个朋友后天去上海。

同学 tóngxué
同事 tóngshì
同屋 tóngwū

• 同学 tóngxué 학우　• 同事 tóngshì 동료　• 同屋 tóngwū 룸메이트

1 녹음을 듣고 빈칸을 채워 대화를 완성해 보세요.

(1) A 喂，张明_____?

B _____，您打他的手机吧。

A 打了，可他的手机_____。

B 是吗？他可能_____。

(2) A 喂，娜贤！

B 喂，杰伦，_____吗？

A 后天我朋友去上海，你_____她吗？

B _____！到上海_____叫她给我_____。

2 녹음을 듣고 전화 통화를 하는 사람들을 올바르게 짝지어 보세요.

(1)  (2)  (3)  (4)

ⓐ  ⓑ  ⓒ  ⓓ

3 그림을 보고 주어진 단어를 이용해 겸어문을 만들어 보세요.

(1) 叫 / 给朋友打电话

 妈妈 요청 ➡  我 결과 ➡

(2) 请 / 吃饭

 我 요청 ➡  老师 결과 ➡

4 전화 통화를 할 때 자주 사용하는 문장입니다. 보기 와 본문의 문장을 활용하여 중국어로 자유롭게 통화해 보세요.

보기

喂，_____在吗?　　　您是哪一位?
他不在。　　　请他给我回个电话。
您那儿不是_____吗?　　　这儿没有姓_____的。
我一定转告他。

중국 그리고 중국 문화

중국인의 인터넷 사용

중국은 세계 어느 나라보다 인터넷 사용자 수가 빠르게 증가하고 있다. 이제 중국의 모든 곳에서 인터넷은 쉽게 사용할 수 있고, 거의 모든 사람들이 수시로 스마트폰으로 인터넷을 즐긴다.

스몸비(smombie, 스마트폰을 보며 길을 걷는 사람들을 일컫는 신조어)는 중국어로 디터우주(低头族)라고 한다. 최근 중국의 길거리에서도 고개를 숙이고 스마트폰에 시선을 고정한 채 걷고 있는 스마트폰 사용자를 어디서든 볼 수 있다. 이러한 인터넷 서비스의 급격한 성장은 중국의 사회 문화를 바꾸고 있다. 그러나 중국의 인터넷 환경은 약간은 독특한데 다른 나라에서와는 달리 페이스북(facebook), 트위터(Tweeter), 유튜브(YouTube), 구글(google) 등의 사용이 통제된다.

한국의 SNS 플랫폼도 중국에서 원활히 접속하기는 쉽지 않다. 중국인은 중국 자체에서 개발한 소셜미디어 플랫폼을 사용하는데, QQ존(QQ空间), 웨이보(微博), 웨이신(微信) 등이 대표적이다. QQ존은 중국판 미니홈피이며, 웨이보는 '마이크로블로그'의 중국식 표현으로 페이스북과 유사한 기능을 한다. 웨이신은 한국의 카카오톡과 같은 인스턴트 메시징 서비스로서 이용자수가 10억이 넘는다. 그 외에도 다양한 SNS 서비스가 계속 개발되어 있어서 앞으로 상용되는 플랫폼도 많은 변화가 예상된다.

중국 최대의 인터넷 기업인 텐센트(騰訊)가 운영하는 모바일 메신저 위챗

위챗과 더불어 중국에서 가장 많이 쓰이는 메신저 프로그램 QQ

12

问路

길 묻기

이 과의 학습 목표

1
중국어로 길을 묻고 대답할 수 있다.

2
교통수단을 이용할 때 사용하는 여러 표현을 배운다.

3
방향을 나타내는 각종 방위사와 장소를 나타내는 존재문을 활용할 수 있다.

- 请问 qǐngwèn 말씀 좀 묻겠습니다

- 站 zhàn 명 역, 정거장

- 走 zǒu 동 걷다

- 十字路口 shízì lùkǒu
  명 십자로, 사거리

- 往 wǎng 개 ~쪽으로, ~(을) 향해

- 右 yòu 명 우측, 오른쪽

- 拐 guǎi 동 방향을 바꾸다

- 附近 fùjìn 명 부근

- 办公楼 bàngōnglóu 명 사무실 건물

- 后边 hòubian 명 뒤, 뒤쪽

- 看 kàn 동 보다

- 就是 jiù shì 바로 ~이다

- 劳驾 láojià 죄송합니다, 미안합니다
  [부탁이나 양보를 청할 때 쓰는 겸손한 말]

- 图书馆 túshūguǎn 명 도서관

- 坐 zuò 동 (탈것에) 타다

- 路 lù 명 노선

- 车 chē 명 차

- 过 guò 동 건너다

- 马路 mǎlù 명 대로, 큰길, 한길

- 公园 gōngyuán 명 공원

- 天坛公园 Tiāntán Gōngyuán
  고유 톈탄 공원

- 下 xià 동 (탈것에서) 내리다

- 北门 běimén 명 북문

- 长 cháng 형 길다

- 时间 shíjiān 명 시간

- 分钟 fēn zhōng 분 [시간의 양을 나타냄]

- 左右 zuǒyòu 명 가량, 안팎

리듬을 따라하며 문장의 구조를 자연스럽게 익혀 보세요.　🎧12-02

①

去北京站怎么走?
Qù Běijīng Zhàn zěnme zǒu?

베이징역은 어떻게 갑니까?

🎵 怎么走

去北京站／怎么走?

②

到十字路口往右拐。
Dào shízì lùkǒu wǎng yòu guǎi.

사거리에서 우회전하세요.

🎵 往右拐

十字路口／往右拐

到／十字路口／往右拐。

③

这儿附近有银行吗?
Zhèr fùjìn yǒu yínháng ma?

이 근처에 은행이 있습니까?

🎵 有银行

附近／有银行

这儿／附近／有银行吗?

④

去图书馆坐几路车?
Qù túshūguǎn zuò jǐ lù chē?

도서관에 가려면 몇 번 버스를 타야 합니까?

🎵 坐几路

去图书馆／坐几路

去图书馆／坐几路车?

1 .... 🎧 12-03

나현 请问❶，去北京站怎么走？
Qǐngwèn, qù Běijīng Zhàn zěnme zǒu?

행인 一直走，到十字路口往右拐。
Yìzhí zǒu, dào shízì lùkǒu wǎng yòu guǎi.

2 .... 🎧 12-04

우림 请问，这儿附近有银行吗？
Qǐngwèn, zhèr fùjìn yǒu yínháng ma?

행인 有，就在办公楼后边。
Yǒu, jiù zài bàngōnglóu hòubian.

우림 哪个是办公楼？
Nǎ ge shì bàngōnglóu?

행인 你看！❷ 那个就是。
Nǐ kàn! Nà ge jiù shì.

💡 아하! 그렇구나!

❶ '请问'은 상대방에게 무엇인가를 물을 때 쓰는 공손한 표현으로 '말씀 좀 묻겠습니다'에 해당한다. 비슷한 표현으로는 '劳驾'가 있다.

❷ '你看!'은 '보세요!'라는 뜻으로, 상대방의 주의를 환기시키는 역할을 한다.

나현
劳驾，去北京图书馆坐几路车？
Láojià, qù Běijīng Túshūguǎn zuò jǐ lù chē?

행인
过马路，坐138路。
Guò mǎlù, zuò yāo sān bā lù.

나현
要坐几站？❸
Yào zuò jǐ zhàn?

행인
坐两站就到。
Zuò liǎng zhàn jiù dào.

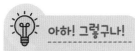
아하! 그렇구나!

❸ '要'는 조동사로 쓰여 '~해야 한다'라는 뜻을 나타낸다.

우림 　劳驾，去天坛公园在哪儿下车？
　　　Láojià, qù Tiāntán Gōngyuán zài nǎr xià chē?

승객 　在天坛北门站下车。
　　　Zài Tiāntán Běimén Zhàn xià chē.

우림 　还要多长时间？❹
　　　Hái yào duō cháng shíjiān?

승객 　十分钟左右❺。
　　　Shí fēn zhōng zuǒyòu.

 아하! 그렇구나!

❹ '要'는 동사로 쓰여 '시간이 ~만큼 걸린다'라는 뜻을 나타낸다.

❺ '~정도'라는 대략적인 수량을 나타낼 때 '左右'를 부가한다.

방위사(方位词)

방향을 나타내는 명사를 방위사라고 한다. 방위사는 단독으로 쓰일 수도 있고 다른 명사의 뒤에 쓰일 수도 있다.

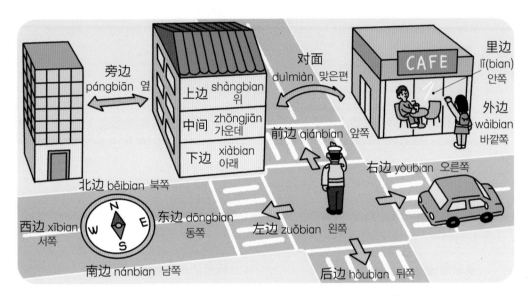

旁边 pángbiān 옆
上边 shàngbian 위
中间 zhōngjiān 가운데
下边 xiàbian 아래
对面 duìmiàn 맞은편
里边 lǐ(bian) 안쪽
外边 wàibian 바깥쪽
前边 qiánbian 앞쪽
右边 yòubian 오른쪽
北边 běibian 북쪽
西边 xībian 서쪽
东边 dōngbian 동쪽
左边 zuǒbian 왼쪽
南边 nánbian 남쪽
后边 hòubian 뒤쪽

前边有一个公园。
Qiánbian yǒu yí ge gōngyuán.

银行在邮局右边。
Yínháng zài yóujú yòubian.

邮局 yóujú 명 우체국

그림을 보고 괄호 안에 알맞은 방위사를 넣어 보세요.

①

张明在我_____。

②

学校_____有一个
公园。

③

铅笔在抽屉_____。
qiānbǐ 명 연필 → chōuti 명 서랍

어떤 장소에 무엇인가가 존재함을 나타내는 동사에는 '有', '在', '是' 세 가지가 있다. 그러나 이들의 용법은 서로 다르다.

① 「장소+有+사람·사물」

특정한 장소에 어떤 사람이나 사물이 존재하는지를 나타낸다.

我家后边有一个银行。(○)	我家后边有那个银行。(×)
Wǒ jiā hòubian yǒu yí ge yínháng.	Wǒ jiā hòubian yǒu nà ge yínháng.

② 「사람·사물+在+장소」

특정한 사람이나 사물이 어떤 장소에 존재하는지를 나타낸다.

那个银行在首尔站后边。(○)	一个银行在首尔站后边。(×)
Nà ge yínháng zài Shǒu'ěr Zhàn hòubian.	Yí ge yínháng zài Shǒu'ěr Zhàn hòubian.

首尔 Shǒu'ěr 고유 서울

③ 「장소+是+사람·사물」

특정한 장소에 무엇인가가 존재하는 것은 상대방이 알고 있는데, 그것이 바로 무엇인지를 확인시켜 주는 문장이다.

我家后边是一个银行。(○)	我后边是张老师。(○)
Wǒ jiā hòubian shì yí ge yínháng.	Wǒ hòubian shì Zhāng lǎoshī.

그림을 보고 밑줄 친 부분에 '有', '在', '是' 중 하나를 넣어 대화를 완성해 보세요.

①

A 你后边_____谁?

B 我后边_____张海林。

②

A 银行对面_____什么?

B 银行对面_____一个医院。

③

A 你妹妹_____哪儿?

B 我妹妹_____我左边。

🎧 12-07

1 去银行怎么走？

电影院 diànyǐngyuàn
餐厅 cāntīng
邮局 yóujú

- -

• **电影院** diànyǐngyuàn 영화관 • **餐厅** cāntīng 식당

2 一直走，到十字路口往右拐。

银行 yínháng   左 zuǒ

3 A 请问，这儿附近有银行吗？
B 有，就在办公楼后边。

旁边 pángbiān   电影院 diànyǐngyuàn
对面 duìmiàn   餐厅 cāntīng
西边 xībian   邮局 yóujú

실력이 늘다

1 녹음을 듣고 ⓐ, ⓑ, ⓒ, ⓓ가 가고자 하는 장소를 골라 보세요.

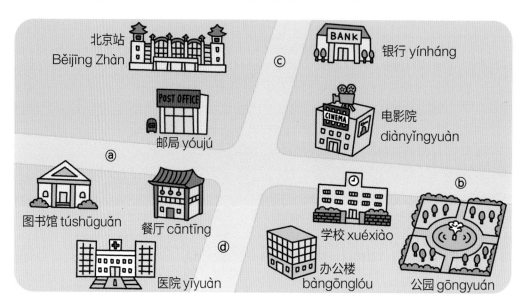

(1) ⓐ想去_____。

(2) ⓑ想去_____。

(3) ⓒ想去_____。

(4) ⓓ想去_____。

2 우리말 문장의 의미에 맞게 주어진 어휘를 순서대로 배열해 보세요.

(1) 은행은 한국 병원 옆에 있다. [韩国医院 / 旁边 / 银行 / 在]

→ _____

(2) 학교 안에는 우체국이 하나 있다. [邮局 / 里 / 学校 / 有一个]

→ _____

(3) 극장 맞은편은 공원이다. [公园 / 是 / 对面 / 电影院]

→ _____

3 그림을 보고 대화를 완성해 보세요.

(1)

A 桌子上有什么?
　　 └──→ zhuōzi 몡 책상
B ＿＿＿＿＿＿＿＿＿＿＿＿＿

(2)

赵亮　　娜贤

A 赵亮在哪儿?
B ＿＿＿＿＿＿＿＿＿＿＿＿＿

(3)

床 chuáng 몡 침대

A 林海的书在哪儿?
B ＿＿＿＿＿＿＿＿＿＿＿＿＿

(4)

A 银行旁边是什么?
B ＿＿＿＿＿＿＿＿＿＿＿＿＿

4 빈칸에 '在', '有(没有)', '是'를 알맞게 넣어 대화를 완성해 보세요.

A 桌子上＿＿＿＿＿＿一本词典，是你的吗?
　　　　　　　　└──→ cídiǎn 몡 사전
B 不是。桌子上＿＿＿＿＿＿雨林的词典。
A 那你的词典＿＿＿＿＿＿哪儿?
B 我的词典＿＿＿＿＿＿床上。

중국인의 교통수단은 무엇이 있을까?

중국인의 교통수단으로는 자전거나 자전거 인력거(三轮车 sānlúnchē), 스쿠터(电动车 diàndòngchē), 택시, 버스, 지하철 등 다양하다. 그러나 서민이 가장 애호하는 교통수단은 역시 자전거이다. 중국도 우리나라처럼 공용 자전거(共享自行车 gòngxiǎng zìxíngchē)가 보편화되어 있다. 앱을 통해서 가까운 곳에 있는 자전거 위치를 확인한 후 자전거에 있는 QR 코드를 찍으면 아주 저렴한 가격에 이용할 수 있다. 이용한 후에는 도착한 곳에서 자전거의 잠금장치만 잠그고 떠나면 되므로 편리하다.

버스는 일반 버스나 버스 두 량이 같이 연결된 굴절 버스뿐만 아니라 관광지에는 이층 버스도 볼 수 있다. 버스 안에서는 잔돈을 거스를 수 없으므로 미리 잔돈을 준비하거나 위챗머니로 지불하면 된다. 지하철은 베이징(北京), 톈진(天津), 상하이(上海) 등 대도시에 있다. 우리나라와 달리 지하철역에서 지하철을 타기 전에는 반드시 짐 검사를 한다. 택시는 우리나라처럼 휴대전화 앱을 통해 호출하고 탈 수 있으며, 위챗페이나 알리페이 또는 충전식 교통카드 등으로 결제할 수 있다.

광활한 중국 대륙을 이어주는 주요한 교통수단은 열차인데, 좌석의 종류로는 4인 1실에 푹신한 침대가 있는 롼워(軟臥), 6인 1실에 딱딱한 침대가 있는 잉워(硬臥), 푹신한 좌석이 있는 롼쭤(軟座), 딱딱한 좌석이 있는 잉쭤(硬座) 이렇게 네 가지가 있다. 그 밖에도 시속 350km에 달하는 세계에서 가장 긴 노선 길이를 자랑하는 고속 철도(高铁)가 전국을 일일생활권으로 연결해 주고 있다.

↳ 저렴한 가격에 이용 가능한 공용 자전거

↳ 세계에서 해발고도가 가장 높은 곳을 지나가는 칭장철도

13

天气怎么样?

날씨가 어떻습니까?

이 과의 학습 목표

1

날씨를 묻고 대답하는 여러 표현들을 말할 수 있다.

2

중국어 비교문을 익힌다.

3

중국어 감탄문을 익힌다.

- 天气 tiānqì 명 날씨

- 听 tīng 동 듣다

- 说 shuō 동 말하다

- 听说 tīngshuō 동 ~라고 들었다

- 预报 yùbào 명 예보

- 晴天 qíngtiān 명 맑은 날씨

- 外边 wàibian 명 밖, 바깥쪽

- 热 rè 형 덥다, 뜨겁다

- 比 bǐ 개 ~에 비하여, ~보다 [정도의 차이를 비교할 때 사용함]

- 昨天 zuótiān 명 어제

- 真 zhēn 부 정말, 참으로

- 冷 lěng 형 춥다, 차갑다

- 啊 a 조 [문장 끝에 쓰여 감탄을 나타내거나, 문장의 표현을 부드럽게 함]

- 冬天 dōngtiān 명 겨울

- 最 zuì 부 가장

- 低 dī 형 낮다

- 气温 qìwēn 명 기온

- 度 dù 양 도 [온도, 밀도, 농도의 단위]

- 大概 dàgài 부 대략, 대강

- 零下 língxià 명 영하

- 下午 xiàwǔ 명 오후

- 雨 yǔ 명 비

- 带 dài 동 지니다, 휴대하다

- 雨伞 yǔsǎn 명 우산

- 办 bàn 동 (일 따위를) 하다, 처리하다

- 不用 búyòng 조동 ~할 필요가 없다

- 担心 dānxīn 동 염려하다, 걱정하다

- 送 sòng 동 배웅하다, 전송하다

- 回家 huí jiā 동 집으로 돌아오다, 집으로 돌아가다

- 季节 jìjié 명 계절

- 怕 pà 동 무서워하다, 두려워하다

- 春天 chūntiān 명 봄

리듬을 따라하며 문장의 구조를 자연스럽게 익혀 보세요.　🎧 13-02

今天天气怎么样?
Jīntiān tiānqì zěnmeyàng?

오늘은 날씨가 어떻습니까?

♪ 怎么样

天气 ／ 怎么样

今天 ／ 天气 ／ 怎么样?

2

今天比昨天还热。
Jīntiān bǐ zuótiān hái rè.

오늘은 어제보다 더 덥습니다.

♪ 比昨天

比昨天 ／ 热

比昨天 ／ 还热

今天 ／ 比昨天 ／ 还热。

3

听说下午有雨。
Tīngshuō xiàwǔ yǒu yǔ.

오후에 비가 온다고 들었어요.

♪ 有雨

听说 ／ 有雨

听说 ／ 下午 ／ 有雨。

4

我最喜欢冬天。
Wǒ zuì xǐhuan dōngtiān.

저는 겨울을 가장 좋아합니다.

♪ 喜欢 ／ 冬天

最喜欢 ／ 冬天

我 ／ 最喜欢 ／ 冬天。

1 · 🎧 13-03

나현 **今天天气怎么样?**
Jīntiān tiānqì zěnmeyàng?

자오량 **听天气预报说，今天晴天。**
Tīng tiānqì yùbào shuō, jīntiān qíngtiān.

나현 **外边热吗?**
Wàibian rè ma?

자오량 **今天比昨天还❶热。**
Jīntiān bǐ zuótiān hái rè.

 아하! 그렇구나!

❶ 여기에서 '还'는 비교문에 쓰여 정도가 더해짐을 나타낸다.

우림　今天真冷啊!
　　　Jīntiān zhēn lěng a!

린하이　韩国的冬天也这么冷吗?
　　　Hánguó de dōngtiān yě zhème lěng ma?

우림　也很冷。今天的最低气温是多少❷度?
　　　Yě hěn lěng. Jīntiān de zuì dī qìwēn shì duōshao dù?

린하이　大概零下十度。
　　　Dàgài língxià shí dù.

 아하! 그렇구나!

❷ '多少'는 '얼마', '몇'이라는 뜻의 수량을 묻는 의문대사이다. 양사나 명사 앞에 부가되기도 하고 단독으로 쓰이기도 한다.

우림   听说下午有雨。
Tīngshuō xiàwǔ yǒu yǔ.

나현   我没带雨伞，怎么办？
Wǒ méi dài yǔsǎn, zěnme bàn?

우림   不用担心，我送你回家。
Búyòng dānxīn, wǒ sòng nǐ huí jiā.

우림   你最喜欢哪个季节？
Nǐ zuì xǐhuan nǎ ge jìjié?

자오량   我最喜欢冬天。
Wǒ zuì xǐhuan dōngtiān.

우림   我怕冷。我最喜欢春天。
Wǒ pà lěng. Wǒ zuì xǐhuan chūntiān.

比 비교문

「A比B+형용사」형식으로 쓰여 'A는 B보다 ~하다'라는 의미를 나타낸다. 비교의 정도를 나타낼 때는 형용사 앞에 부사 '更 gèng(더욱)', '还'를 사용할 수 있다. '很', '非常 fēicháng(대단히, 매우)', '太'와 같은 부사는 사용할 수 없다.

今天比昨天热。(○)
Jīntiān bǐ zuótiān rè.

今天比昨天很热。(×)
Jīntiān bǐ zuótiān hěn rè.

他比你更高。(○)
Tā bǐ nǐ gèng gāo.

这个比那个还贵。(○)
Zhè ge bǐ nà ge hái guì.

更 gèng 〔부〕더욱

괄호 안의 부사를 이용하여 비교문을 만들어 보세요.

① 昨天三十度，今天三十五度。

→ 今天_____昨天_____。(更)

② 我高，他更高。

→ 他_____我_____。(还)

③ 这个10块，那个5块。

→ 这个_____那个_____。(更)

감탄문

정도나 의문을 나타내는 부사와 조사 '啊'가 호응해서 감탄의 의미를 나타낸다.

这件衣服真漂亮啊!
Zhè jiàn yīfu zhēn piàoliang a!

今天的天气多好啊!
Jīntiān de tiānqì duō hǎo a!

漂亮 piàoliang 〔형〕예쁘다

빈칸에 적당한 조사를 넣어 감탄문을 만들어 보세요.

① 这个真贵_____!

② 他个子多高_____!

不用

「不用」은 조동사로 동사의 앞에 쓰여 '~할 필요가 없다'라는 뜻을 나타낸다.

不用客气!
Búyòng kèqi!

你不用给他打电话。
Nǐ búyòng gěi tā dǎ diànhuà.

不用谢!
Búyòng xiè!

我们不用去那儿。
Wǒmen búyòng qù nàr.

괄호 안의 단어를 사용해서 주어진 우리말 문장을 중국어로 바꿔 보세요.

① 너는 올 필요 없어. (来)

你_____。

② 그는 중국어를 배울 필요가 없다. (学 / 汉语)

他_____。

③ 너는 여기서 일할 필요가 없다. (在 / 工作 / 这儿)

你_____。

听说

「听说」는 「听A说」로도 표현이 가능하며, '(A에게서) 듣자니/듣건대 ~라더라'라는 의미를 나타낸다.「听说」뒤에는 구가 올 수 있다.

听说她最近很忙。
Tīngshuō tā zuìjìn hěn máng.

听说明天没有课。
Tīngshuō míngtiān méiyǒu kè.

听林海说，今天最低气温是零下十度。
Tīng Lín Hǎi shuō, jīntiān zuì dī qìwēn shì língxià shí dù.

听天气预报说，明天有雨。
Tīng tiānqì yùbào shuō, míngtiān yǒu yǔ.

课 kè 명 수업, 강의

주어진 단어를 어순에 맞게 배열하여 문장을 완성해 보세요.

① 她 / 听说 / 美国人 / 是　　→ _____

② 喜欢吃 / 你 / 听说 / 中国菜　　→ _____

③ 听说 / 好吃 / 宫保鸡丁 / 很　　→ _____

1

A 今天天气怎么样?

B 今天天气很热。

暖和　nuǎnhuo
凉快　liángkuai

- 暖和 nuǎnhuo 따뜻하다 ・凉快 liángkuai 시원하다

2

今天比昨天还热。

前天　qiántiān
上个星期　shàng ge xīngqī

3

听说下午有雨。

上午　shàngwǔ　　　下雪　xià xuě
明天　míngtiān　　　刮风　guā fēng

- 下雪 xià xuě 눈이 내리다 ・刮风 guā fēng 바람이 불다

4

我最喜欢春天。

夏天　xiàtiān
秋天　qiūtiān

- 夏天 xiàtiān 여름 ・秋天 qiūtiān 가을

연습 실력이 늘다

🎧 13-08

1 녹음을 듣고 각 녹음 내용과 일치하는 그림을 골라 보세요.

(1) _____ (2) _____ (3) _____ (4) _____

ⓐ

ⓑ

ⓒ

ⓓ

2 녹음을 듣고 대화의 빈칸을 알맞게 채워 보세요.

(1) A 今天天气_____？

    B 今天_____昨天_____。

    A 韩国的夏天也_____吗？

    B 也_____。

(2) A 我喜欢春天。你呢？

    B 我喜欢_____。

    A 你_____热吗？

    B 我_____热。

3 그림을 보고 보기 처럼 비교하는 문장을 만들어 보세요.

보기

13¥
2.5¥

荔枝 / 橘子 [贵 ↔ 便宜]
荔枝比橘子贵。
橘子比荔枝便宜。

(1)

爸爸 40岁 / 妈妈 35岁 [大 ↔ 小]
　　　　　　　　　　　→ xiǎo 혱 (나이가) 어리다

爸爸_____。

妈妈_____。

(2)

　　　　　　　　→ tóufa 몡 머리카락

我

姐姐的头发 / 我的头发 [长 ↔ 短]
　　　　　　　　　　　　　　→ duǎn 혱 (길이가) 짧다

姐姐的头发_____。

我的头发_____。

姐姐

(3)

哥哥的个子 / 弟弟的个子 [高 ↔ 矮]
　　　　　　　　　　　　　　→ ǎi 혱 (키가) 작다

哥哥的个子_____。

弟弟的个子_____。

哥哥　弟弟

4 날씨에 관한 보기 의 자료를 바탕으로 제시어 를 넣어 비교문을 만들어 보세요.

보기

① 어제: 맑음, 23도　　② 오늘: 더움, 28도　　③ 내일: 비, 20도

제시어

高　低　热　凉快

중국의 지형적 특성에 따른 다양한 기후

중국은 전체적으로 평야 지대가 많은 동쪽이 낮고, 고산 지대가 많은 서쪽이 높은 동저서고(東低西高)형의 지형적 특징을 갖는다. 지역마다 평야, 사막, 산악, 분지, 고원 등이 분포해 다양한 기후적 특성이 나타난다.

대체로 겨울에는 북쪽의 시베리아와 몽고고원에서 불어오는 편북풍의 영향을 받아 춥고 건조하며, 여름에는 바다에서 불어오는 편남풍의 영향을 받아 덥고 습한 날씨를 보인다. 3, 4월까지 부는 편북풍은 황사를 동반하여 우리나라와 일본에까지 심각한 피해를 미치는 주범으로, 특히 중국의 산업화와 도시화에 따른 오염물질이 함께 날아와서 심각한 환경 문제를 불러일으키고 있다. 7, 8월의 편남풍은 집중호우를 몰고 다니면서 중국 내륙에 대규모 홍수를 유발하는 요인이다.

남북지역 간에는 기온 차가 크다. 얼음 축제인 '빙덩제(冰灯节)'로 유명한 북방의 하얼빈(哈尔滨)은 1월 평균 기온이 영하 20도 정도로, 가장 추울 때는 영하 40도까지 내려가 콧물이 흐를 틈 없이 얼어버릴 정도다. 이렇게 하얼빈의 겨울이 춥고 긴 반면 남방의 하이난다오(海南岛)는 겨울 없이 일년 내내 따뜻한 기온을 유지한다. '삼대화로(三大火炉)'로 불리는 충칭(重庆), 우한(武汉), 난징(南京)은 여름이면 40도를 웃도는 기온으로 마치 화로 속에 있는 듯 덥기로 유명하다.

매년 하얼빈에서 열리는
눈과 얼음의 축제인 빙덩제

하얼빈 빙덩제의 야경

중국의 하와이로 불리는 하이난다오

14

旅行

여행

1

여행과 관련된 표현을 익힌다.

2

선택을 묻는 의문문을 말할 수 있다.

3

중국어로 가정(假定)의 표현을 할 수 있다.

단어 시작이 반이다

- 暑假 shǔjià 명 여름 휴가, 여름 방학
- 打算 dǎsuan 조동 ~하려고 하다, ~할 작정이다
- 西安 Xī'ān 고유 시안 [지명]
- 旅行 lǚxíng 명동 여행(하다)
- 火车 huǒchē 명 기차
- 还是 háishi 접 아니면
- 飞机 fēijī 명 비행기
- 离 lí 개 ~에서부터
- 远 yuǎn 형 (거리상) 멀다
- 从 cóng 개 ~부터
- 到 dào 개 ~까지, ~로
- 高铁 gāotiě 명 고속 철도
- 得 děi 동 (시간, 금전 등이) 걸리다, 필요하다
- 多 duō (수량사 뒤에 쓰여) ~여, 남짓
- 小时 xiǎoshí 명 시간
- 那么 nàme 대 그렇게, 그런

- 可是 kěshì 접 그러나, 하지만
- 值得 zhídé 동 ~할 만한 가치가 있다
- 兵马俑 Bīngmǎyǒng 고유 병마용 [유적명]
- 假期 jiàqī 명 휴가 기간
- 美丽 měilì 형 아름답다
- 岛 dǎo 명 섬
- 济州岛 Jìzhōudǎo 고유 제주도 [지명]
- 风景 fēngjǐng 명 풍경, 경치
- 特别 tèbié 부 특히, 아주
- 美 měi 형 아름답다, 예쁘다
- 如果 rúguǒ 접 만약, 만일
- 带 dài 동 데리다, 인도하다

리듬을 따라하며 문장의 구조를 자연스럽게 익혀 보세요.　🎧14-02

1

我打算去西安旅行。
Wǒ dǎsuan qù Xī'ān lǚxíng.

저는 시안으로 여행을 가려고 합니다.

♪ 去西安

打算／去西安

打算／去西安／旅行

我打算／去西安／旅行。

2

坐火车去还是坐飞机去?
Zuò huǒchē qù háishi zuò fēijī qù?

기차를 타고 갑니까 아니면 비행기를 타고 갑니까?

♪ 火车／还是／飞机

火车去／还是／飞机去

坐火车去／还是／坐飞机去?

3

你去过韩国吗?
Nǐ qù guo Hánguó ma?

한국에 가 본 적이 있습니까?

♪ 去过／韩国

去过／韩国吗

你／去过／韩国吗?

4

如果你来韩国，我一定带你去。
Rúguǒ nǐ lái Hánguó, wǒ yídìng dài nǐ qù.

만약 당신이 한국에 온다면, 내가 꼭 데리고 가겠습니다.

♪ 带你去

一定／带你去

我一定／带你去

如果／你来／韩国，

我一定／带你去。

1 ·· 🎧 14-03

우림 这个暑假你打算做什么?
Zhè ge shǔjià nǐ dǎsuan zuò shénme?

나현 我打算去西安旅行。
Wǒ dǎsuan qù Xī'ān lǚxíng.

우림 坐火车去还是坐飞机去?
Zuò huǒchē qù háishi zuò fēijī qù?

나현 坐火车去。
Zuò huǒchē qù.

우림 离这儿多远?
Lí zhèr duō yuǎn?

나현 从这儿到西安坐高铁得五个多❶小时❷。
Cóng zhèr dào Xī'ān zuò gāotiě děi wǔ ge duō xiǎoshí.

우림 那么远!
Nàme yuǎn!

나현 可是值得去看。你听说过兵马俑吧?
Kěshì zhídé qù kàn. Nǐ tīngshuō guo Bīngmǎyǒng ba?

兵马俑就在西安。
Bīngmǎyǒng jiù zài Xī'ān.

2 · 🎧14-04

린하이 这个假期你回韩国还是在中国?
Zhè ge jiàqī nǐ huí Hánguó háishi zài Zhōngguó?

우림 回韩国。你去过韩国吗?
Huí Hánguó. Nǐ qù guo Hánguó ma?

린하이 没去过。听说韩国有一个很美丽的岛。
Méi qù guo. Tīngshuō Hánguó yǒu yí ge hěn měilì de dǎo.

💡 아하! 그렇구나!

❶ '多'는 '~여'의 의미로 숫자가 0으로 끝나면 '个' 앞에 오고, 그렇지 않으면 '个' 뒤에 온다.
예 三十多个小时, 六个多小时

❷ '小时'는 시간의 양을 나타낼 때 쓴다.
예 한 시간: 一个小时(〇), 一个时间(✕)

우림   你说的是济州岛吧?
Nǐ shuō de shì Jìzhōudǎo ba?

린하이   对! 你去过吗?
Duì! Nǐ qù guo ma?

우림   去年去过。那儿的风景特别美。
Qùnián qùguo. Nàr de fēngjǐng tèbié měi.

린하이   我也想去。
Wǒ yě xiǎng qù.

우림   如果你来韩国，我一定带你去。
Rúguǒ nǐ lái Hánguó, wǒ yídìng dài nǐ qù.

린하이   真的吗?❸ 那太好了!
Zhēnde ma? Nà tài hǎo le!

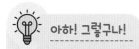
아하! 그렇구나!

❸ '진짜야?', '정말이야?'의 의미로 상용되는 표현이다.

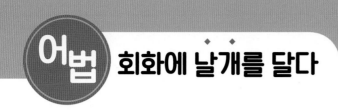

어법 회화에 날개를 달다

선택의문문

선택의문문이란 「A还是B?(A입니까, 아니면 B입니까?)」의 형식으로 쓰여 A와 B 중에서 하나를 선택하여 답하기를 요구하는 의문문이다.

你要这个还是那个?	你喜欢春天还是秋天?
Nǐ yào zhè ge háishi nà ge?	Nǐ xǐhuan chūntiān háishi qiūtiān?

주어진 단어를 포함시켜 선택의문문을 완성해 보세요.

① 汉语 / 英语 　　　　→ 你学习_____?
　　　　　　　　　　　　└→ xuéxí 통 학습하다, 공부하다

② 苹果 / 香蕉 　　　　→ 您要买_____?
　　└→ xiāngjiāo 명 바나나

③ 宫保鸡丁 / 糖醋牛肉 → 他喜欢吃_____?

개사 离

'离'는 '~에서(부터)'라는 의미로, 공간이나 시간에 있어서 두 지점 사이의 거리나 격차를 계산하는 기준점을 나타낸다.

我家离这儿很远。	今天离我的生日还有一个星期。
Wǒ jiā lí zhèr hěn yuǎn.	Jīntiān lí wǒ de shēngrì hái yǒu yí ge xīngqī.

그림을 보고 '离'를 사용하여 문장을 만들어 보세요.

①

我家_____。

②

现在_____。

从A到B

「从A到B」는 'A에서 B까지'라는 의미로, 시간이나 장소의 범위를 설정하여 '从A'는 기점을, '到B'는 종점을 나타낸다.

听天气预报说，从今天到后天一直下雨。
Tīng tiānqì yùbào shuō, cóng jīntiān dào hòutiān yìzhí xià yǔ.

我从八点到十二点上课。
Wǒ cóng bā diǎn dào shí'èr diǎn shàng kè.

从这儿到北京站得三十分钟。
Cóng zhèr dào Běijīng Zhàn děi sānshí fēn zhōng.

주어진 단어를 알맞게 배열하여 문장을 완성해 보세요.

① 从 / 到 / 6月3号 / 6月9号 / 放假　　　② 上课 / 从 / 到 / 九点 / 十点
　　└→ fàngjià 통 방학하다

→ _____　　　　　　→ _____

③ 得 / 从 / 到 / 图书馆 / 银行 / 二十分钟

→ _____

如果

접속사 '如果'는 '만약 ~라면'이라는 뜻으로 가정을 나타낸다. 주로 문장의 첫머리에 쓰이며 뒤에 '的话 dehuà'가 함께 나오기도 한다.

如果你来韩国，我一定带你去。 | **如果你去(的话)，我也去。**
Rúguǒ nǐ lái Hánguó, wǒ yídìng dài nǐ qù. | Rúguǒ nǐ qù (dehuà), wǒ yě qù.

괄호 안의 단어를 사용하여 주어진 우리말 문장을 중국어로 바꿔 보세요.

① 만약 그가 가지 않는다면, 나도 가지 않을 것이다. (他, 不, 去)

→ _____

② 만약 네가 밥을 먹는다면, 나는 면을 먹겠다. (吃饭, 吃面条)
　　　　　　　　　　　　　　　　　　└→ miàntiáo 명 국수

→ _____

1

我打算去西安旅行。

去看电影 qù kàn diànyǐng
回韩国 huí Hánguó
学汉语 xué Hànyǔ

2

坐火车去还是坐飞机去？

是学生 shì xuésheng
今天去 jīntiān qù
喝咖啡 hē kāfēi

老师 lǎoshī
明天去 míngtiān qù
喝茶 hē chá

3

从这儿到西安坐高铁得五个多小时。

学校 xuéxiào
我家 wǒ jiā
仁川 Rénchuān

医院 yīyuàn
火车站 huǒchēzhàn
青岛 Qīngdǎo

公交车 gōngjiāochē
地铁 dìtiě
船 chuán

半个 bàn ge
两个 liǎng ge
十多个 shí duō ge

• 公交车 gōngjiāochē 버스 • 火车站 huǒchēzhàn 기차역 • 地铁 dìtiě 지하철 • 仁川 Rénchuān 인천 [지명]
• 青岛 Qīngdǎo 칭다오 [지명] • 船 chuán 배

1 녹음을 듣고 녹음 내용과 일치하면 O, 일치하지 않으면 X를 표시해 보세요.

(1) 我有中国朋友。 (　　)

(2) 我的韩国朋友在韩国教汉语。 (　　)

(3) 我去过韩国。 (　　)

(4) 听说韩国菜很好吃。 (　　)

2 괄호 안의 단어를 사용하여, '还是'로 이루어진 선택의문문을 만들어 보세요.

(1) A ＿＿＿＿＿＿＿＿＿＿＿＿＿＿ (哥哥 / 弟弟)

    B 他是我弟弟。

(2) A ＿＿＿＿＿＿＿＿＿＿＿＿＿＿ (咖啡 / 绿茶)
                                  → lǜchá 몡 녹차

    B 我想喝咖啡。

(3) A ＿＿＿＿＿＿＿＿＿＿＿＿＿＿ (苹果 / 草莓)
                                  → cǎoméi 몡 딸기

    B 我要买草莓。

(4) A ＿＿＿＿＿＿＿＿＿＿＿＿＿＿ (公交车 / 出租车)
                                  → chūzūchē 몡 택시

    B 我们坐出租车去吧。

3 보기 의 단어를 이용해 문장을 완성해 보세요. (중복 사용 가능)

보기

| 小时 | 从……到 | 还是 | 多 | 去 |
| 飞机 | 火车 | 打算 | 离 | |

A 听说这个暑假你＿＿＿＿＿去上海旅行，＿＿＿＿＿这儿＿＿＿＿＿上海
要多长时间？

B 大概得十＿＿＿＿＿个＿＿＿＿＿。＿＿＿＿＿这儿很远。

A 那么你坐＿＿＿＿＿ ＿＿＿＿＿坐＿＿＿＿＿？

B 最近飞机票很贵。我打算坐火车去。
└→ piào 명 표

4 제비뽑기로 ⓐ, ⓑ, ⓒ, ⓓ 중에서 자신이 여행할 장소를 정하고 보기 의 질문과 본문의 문장
을 이용해 서로 가고 싶은 여행 방법에 대해 얘기해 보세요.

보기

这个假期你打算做什么？ 坐飞机去还是坐船去？

离这儿远吗？ 你去过＿＿＿＿＿吗？

ⓐ

北京 – 长城
└→ Chángchéng 고유 만리장성

ⓑ

西安 – 兵马俑

ⓒ

四川 – 九寨沟
└→ Jiǔzhàigōu 고유 지우자이거우

ⓓ

香港 – 迪士尼乐园
└→ Díshìní Lèyuán 고유 디즈니랜드
Xiānggǎng 고유 홍콩

중국 그리고 중국 문화

역사가 살아 숨쉬는 만리장성, 진시황릉

중국 각지에는 유구한 역사가 살아 숨쉬는 명승고적이 많다. 2019년 유네스코 세계 문화유산으로 지정된 곳이 총 55곳으로, 중국은 전 세계에서 명승지가 가장 많은 곳임을 자랑하고 있다. 또한 만리장성(万里长城), 꾸이린 산수(桂林山水), 항저우 시후(杭州西湖), 베이징 꾸궁(北京故宫), 쑤저우 위앤린(苏州园林), 안후이 황산(安徽黄山), 창쟝 싼샤(长江三峡), 타이완 르위에탄(日月潭), 청더 삐수산좡(承德避暑山庄), 진시황릉 병마용(秦陵兵马俑)은 중국 10대 관광지로 국내 여행객뿐 아니라 세계 여행객들에게 사랑받고 있는 대표적인 명승지이다.

특히 진시황이 남긴 양대 유적 진시황릉 병마용과 만리장성은 그 규모나 위엄에서 단연 으뜸이다.

진시황릉: 1,000여 년 동안 13대 왕조의 수도였던 시안(西安) 근교에 위치한 진시황릉. 이곳에서 발굴된 8,000여 개의 병마용(兵马俑)은 흙으로 실물 크기의 말과 사람 형태를 빚은 것인데 어느 하나 똑같은 것이 없다고 한다. 39년 만에 완공되었다고 하는 이 능은 중국 최대 규모로서 세계 8대 미스터리 중 하나로 꼽힌다.

만리장성: 베이징 근교에 위치한 만리장성은 흉노족의 침입을 막기 위해 춘추전국시대 이래 여러 나라가 북쪽 국경에 세웠던 장성을 증·개축한 것이다. 달에서도 보이는 지구 유일의 건축물이라고 과장해 표현할 정도로 그 규모가 장대하다.

진시황릉 병마용

만리장성

15

복습 II

9~14과에서는 물건 구입·식사·전화·길 묻기·날씨·여행과 관련된 여러 가지 표현을 배웠습니다. 제15과 복습 II에서는 앞에서 배웠던 발음과 회화, 핵심 어법을 복습해 봅시다.

단어 핵심 체크

주제별 단어 그림을 보면서 빈칸에 해당하는 단어의 한자를 써 넣어 보세요.

(1) 과일

(2) 방위사

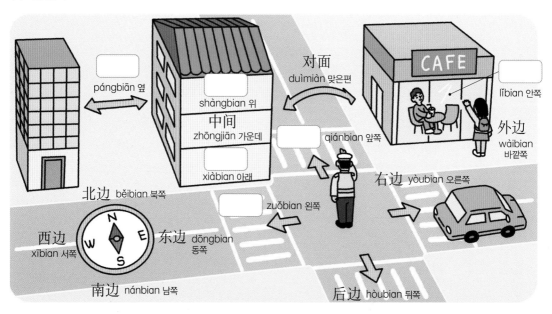

(3) 건물명

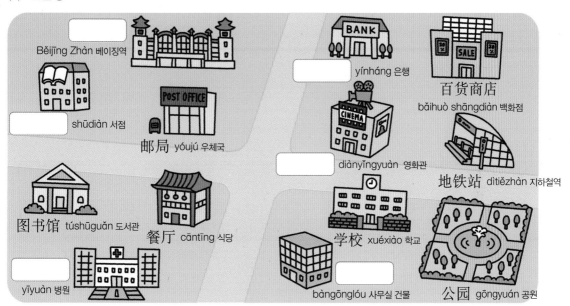

Běijīng Zhàn 베이징역

shūdiàn 서점

邮局 yóujú 우체국

yínháng 은행

百货商店 bǎihuò shāngdiàn 백화점

diànyǐngyuàn 영화관

地铁站 dìtiězhàn 지하철역

图书馆 túshūguǎn 도서관

餐厅 cāntīng 식당

yīyuàn 병원

学校 xuéxiào 학교

bàngōnglóu 사무실 건물

公园 gōngyuán 공원

(4) 계절

chūntiān 봄

暖和 nuǎnhuo 따뜻하다

夏天 xiàtiān 여름

rè 덥다

秋天 qiūtiān 가을

liángkuai 시원하다

dōngtiān 겨울

冷 lěng 춥다

핵심 회화 표현을 복습해 보세요. 🎧 15-01

① 물건 사기

A 这件衣服多少钱？
Zhè jiàn yīfu duōshao qián?

B 一百五。
Yìbǎiwǔ.

② 경험 표현

A 你吃过中国菜吗？
Nǐ chī guo Zhōngguó cài ma?

B 吃过。我很喜欢吃中国菜。
Chī guo. Wǒ hěn xǐhuan chī Zhōngguó cài.

③ 주문하기

A 还要别的吗？
Hái yào biéde ma?

B 不要了。
Bú yào le.

④ 전화 걸기

A 喂，张明在吗？
Wéi, Zhāng Míng zài ma?

B 他不在。您打他的手机吧！
Tā bú zài. Nín dǎ tā de shǒujī ba!

⑤ 길 묻기

A 请问，去北京站怎么走？
Qǐngwèn, qù Běijīng Zhàn zěnme zǒu?

B 一直走，到十字路口往右拐。
Yìzhí zǒu, dào shízì lùkǒu wǎng yòu guǎi.

⑥ 교통수단 이용하기

A 劳驾，去北京图书馆坐几路车？
Láojià, qù Běijīng Túshūguǎn zuò jǐ lù chē?

B 过马路，坐138路。
Guò mǎlù, zuò yāo sān bā lù.

⑦ 날씨 묻기

A 今天天气怎么样？
Jīntiān tiānqì zěnmeyàng?

B 今天比昨天还热。
Jīntiān bǐ zuótiān hái rè.

⑧ 거리 묻기

A 离这儿多远？
Lí zhèr duō yuǎn?

B 从这儿到西安坐高铁得
Cóng zhèr dào Xī'ān zuò gāotiě děi

五个多小时。
wǔ ge duō xiǎoshí.

네컷 만화를 보고, 말풍선 안의 우리말을 중국어로 바꿔 스토리를 완성해 보세요.

(1)

① _____

② _____

③ _____

(2)

· 明洞 Míngdòng 고유 명동

① _____   ② _____   ③ _____

④ _____   ⑤ _____

제대로 된 중국어 문장을 구사하려면 어법에 맞는 표현을 해야 합니다. 앞에서 배웠던 핵심 어법을 복습해 보세요.

정반의문문 동사나 형용사의 긍정 형식과 부정 형식을 병렬하면 의문문 형식이 됩니다.

你去不去学校? 너는 학교에 가니?
Nǐ qù bu qù xuéxiào?

你是不是韩国人? 당신은 한국인입니까?
Nǐ shì bu shì Hánguó rén?

시태조사 过 '~한 적이 있다'라는 뜻으로 어떤 동작이 이미 발생한 과거의 경험을 나타냅니다. 부정문은 「没+동사+过」!

我吃过中国菜。 나는 중국 음식을 먹은 적이 있다.
Wǒ chī guo Zhōngguó cài.

他没去过北京。 그는 베이징에 가 본 적이 없다.
Tā méi qù guo Běijīng.

개사 给 「给+명사+동사」의 형식으로 쓰여 '~에게 ~을 (해) 주다'라는 의미를 나타냅니다.

我想给他买一本书。 나는 그에게 책 한 권을 사 주고 싶다.
Wǒ xiǎng gěi tā mǎi yì běn shū.

明天给我打电话吧! 내일 나에게 전화해 줘!
Míngtiān gěi wǒ dǎ diànhuà ba!

비교문 「A比B+형용사」의 형식으로 쓰이며, 'A는 B보다 ~하다'라는 의미를 나타냅니다.

今天比昨天还热。 오늘은 어제보다 더 덥다.
Jīntiān bǐ zuótiān hái rè.

这个比那个更贵。 이것이 저것보다 더 비싸다.
Zhè ge bǐ nà ge gèng guì.

개사 离 '~에서(부터)'라는 의미로 공간적·시간적 거리의 기준점을 나타냅니다.

学校离我家很远。 학교는 우리 집에서 멀다.
Xuéxiào lí wǒ jiā hěn yuǎn.

现在离上课时间还有十分钟。 지금은 수업 시간으로부터 10분 남았다.
Xiànzài lí shàng kè shíjiān hái yǒu shí fēn zhōng.

(1) 보기 에서 알맞은 단어를 골라 괄호 안에 넣어 보세요.

> 보기   请   给   过

① 我想(　　　)弟弟买一个书包。　② 我想(　　　)老师吃饭。
→ shūbāo 명 책가방
③ 我没见(　　　)那位老师。　④ 我吃(　　　)中国菜。
⑤ 晚上(　　　)他回个电话吧!　⑥ 以前我学(　　　)汉语。
→ yǐqián 명 이전

(2) 보기 에서 알맞은 단어를 골라 괄호 안에 넣어 보세요.

> 보기   离   比   左边   在

① 我的(　　　)是我爸爸。　② 天安门(　　　)这儿很近。
→ Tiān'ānmén 고유 톈안먼　→ jìn 형 가깝다
③ 他的个子(　　　)你还高。　④ 火车站(　　　)你家远吗?
⑤ 邮局(　　　)三号楼的后边。　⑥ 我(　　　)他更喜欢吃中国菜。
→ lóu 명 다층 건물, 층
→ hào 명 번 [차례·순번을 나타냄]

(3) 괄호 안의 단어를 이용하여 주어진 우리말 문장을 중국어로 바꿔 보세요.

① 저는 노란색을 싫어해요. 다른 색 있나요? (喜欢, 黄色, 有没有, 别的, 的)

→ _____

② 다음 주 수요일에 여동생이 서울에 가는데, 네가 그녀를 만날 수 있니?
(星期三, 妹妹, 首尔, 能, 见)

→ _____

③ 너는 영어를 배우니, 아니면 중국어를 배우니? (学, 英语, 汉语)

→ _____

④ 서울에서 베이징까지 비행기를 타면 2시간 걸려요. (从……到, 首尔, 北京, 飞机, 得, 小时)

→ _____

중국인들은 언제부터 차를 마셨을까?

전설에 의하면 고대의 제왕인 션농(神农)은 백성들이 먹어서는 안 될 독초와 병을 치유할 약초를 구별하기 위하여 모든 풀들을 다 직접 씹어 보았다고 한다. 이러다 보니 하루에도 여러 번 독초를 씹게 되었는데 그 때마다 차를 마셔서 해독을 했다고 전해진다. 이는 전설에 불과하지만 역사상 차에 대한 기록이 수없이 많은 것으로 보아, 중국인들이 오랜 세월 동안 차를 마셔 온 것은 분명하다.

오늘날에도 여전히 중국인들은 차 마시는 것을 좋아한다. 사람들이 차를 담은 커다란 물병을 들고 다니는 모습을 중국에서는 흔히 볼 수 있다. 중국인들이 우리나라에 관광 오기 시작하던 초기에 이러한 중국인의 차 문화를 파악하지 못한 우리나라 호텔에 대한 중국인들의 첫 번째 불만사항은 차를 마실 따뜻한 물이 항상 준비되어 있지 않다는 점이었다.

차는 발효도에 따라서 녹차, 백차, 황차, 청차, 홍차, 흑차 등 여섯 종류로 나뉘고, 그 밖에 꽃향기를 입힌 화차도 있다.

중국 고대의 기록에 의하면 차를 오랜 기간 마시면 기가 보충되고 몸이 가벼워지며 늙지 않는다고 한다. 차는 건강에 도움이 될 뿐만 아니라 다이어트에도 효과가 있는 것으로 알려져서 우리나라에서도 중국차를 즐기는 사람이 적지 않다.

불발효차의 대표 롱징차(龙井茶)

반발효차의 대표 우롱차(乌龙茶)

일반인들이 즐겨 마시는 모리화차(茉莉花茶)

부록

- ◆ 본문 해석
- ◆ 정답 및 녹음 대본
- ◆ 단어 색인
- ◆ 한어병음자모 배합표

본문 해석

02 안녕하세요!

회화

1

나현	안녕!
자오량	안녕!

2

나현	안녕히 가세요!
우림	잘 가!

3

나현	고마워!
자오량	천만에!

4

린하이	미안해요!
우림	괜찮아요!

03 요즘 어떻습니까?

회화

1

자오량	너 요즘 어떠니? / 잘 지내니?
나현	그런대로 괜찮아.

2

자오량	건강은 어떠세요?
우림	좋아. 너는?
자오량	저도 좋아요.

3

린하이	오랜만이에요! 일은 바빠요?
우림	바쁘지 않아요. 당신은요?
린하이	저는 바빠요.

04 당신의 성은 무엇입니까?

회화

1

나현	성이 어떻게 되세요?
린하이	나는 린(林)씨야.

2

린하이	너의 이름은 뭐니?
나현	저는 박나현이라고 해요.

3

나현	만나 뵈어서 반가워요.
린하이	나도 반가워.

4

린하이	저 사람은 누구니?
나현	그는 제 친구예요.
린하이	그는 성이 뭐니?
나현	자오(赵)씨예요.

05 당신은 어느 나라 사람입니까?

회화

1

나현	너는 어느 나라 사람이니?
남학생	나는 중국인이야.
나현	너도 중국인이니?
여학생	나는 중국인이 아니고 (나는) 한국인이야.

2

나현	당신은 무슨 일을 하세요?
린하이	나는 중·고등학교 선생님이야.
나현	당신은 무엇을 가르치나요?
린하이	나는 영어를 가르쳐.

자오량	당신은 어디에서 일하세요?
우림	나는 은행에서 일해. 너희들은?
자오량	저희는 학생이에요. (저희는) 베이징 대학교에서 공부해요.

어법

• 是자문

나는 중국인입니다.

나는 미국인이 아닙니다.

나도 한국인입니다.

우리는 선생님이 아닙니다.

• 개사 在

나는 은행에서 일합니다.

나는 베이징 대학교에서 공부합니다.

당신은 어디에서 영어를 가르칩니까?

나는 중·고등학교에서 영어를 가르칩니다.

표현

1 당신은 중국인입니까?

당신은 학생입니까?

당신은 선생님입니까?

당신은 의사입니까?

2 나는 은행에서 일합니다.

나는 대학교에서 일합니다.

나는 병원에서 일합니다.

나는 서점에서 일합니다.

3 나는 영어를 가르칩니다.

나는 중국어를 가르칩니다.

나는 수학을 가르칩니다.

나는 역사를 가르칩니다.

06 당신은 가족이 몇 명입니까?

회화

1

나현	당신은 첫째인가요?
메리	아니, 나는 막내야. (나는) 오빠 한 명과 언니가 한 명 있어. 너는?
나현	저는 둘째예요. 저는 오빠 한 명과 남동생 한 명이 있어요.

2

우림	너희 집은 식구가 몇이니?
자오량	세 명이에요.
우림	누구누구가 있는데?
자오량	아빠, 엄마, 그리고 저요. 저는 형제자매가 없어요.

3

린하이	당신은 올해 나이가 어떻게 되세요?
우림	서른두 살이에요.
린하이	당신 아들은 올해 몇 살이에요?
우림	그는 올해 세 살이에요.

어법

• 양사

여동생 한 명 / 세 식구 / 책 두 권 / 물 다섯 잔

• 有자문

나는 남동생이 있다. ↔ 나는 남동생이 없다.

나는 휴대 전화가 있다. ↔ 나는 휴대 전화가 없다.

• 나이를 묻는 표현

A 올해 몇 살이니?

B 일곱 살이에요.

A 올해 나이가 어떻게 되세요?

B 스무 살입니다.

A 연세가 어떻게 되세요?

B 70이네.

A 당신은 무슨 띠입니까?

B 양띠입니다.

● 多+형용사

A 올해 몇 살이에요?

B 스무 살입니다.

A 몸무게가 얼마나 나가나요?

B 50kg입니다.

A 키가 얼마예요?

B 1m 70cm입니다.

표현

1 A 당신 집은 식구가 몇 명입니까?

　　B 우리 집에는 세 식구가 있습니다.
　　　우리 집에는 네 식구가 있습니다.
　　　우리 집에는 다섯 식구가 있습니다.

2 A 당신의 가족은 어떤 사람들이 있습니까?

　　B 우리 집에는 아빠, 엄마 그리고 제가 있습니다.
　　　우리 집에는 할아버지, 할머니, 엄마 그리고 제가 있습니다.
　　　우리 집에는 아빠, 엄마, 남동생, 여동생 그리고 제가 있습니다.

3 A 당신은 올해 몇 살입니까?

　　B 저는 올해 서른한 살입니다.
　　　저는 올해 열다섯 살입니다.
　　　저는 올해 스물한 살입니다.

---

07 지금 몇 시입니까?

회화

1

자오량	지금 몇 시야?
나현	지금 2시 반이야.
자오량	너는 몇 시에 수업이니?
나현	3시(에 수업이야).

2

자오량	오늘이 몇 월 며칠이에요?
우림	5월 3일이야.
자오량	오늘은 무슨 요일이에요?
우림	금요일이야.
자오량	다음 주 토요일이 12일이죠?
우림	다음 주 토요일은 12일이 아니고, 11일이야.

3

린하이	당신의 생일은 몇 월 며칠이에요?
우림	3월 4일이에요. 당신은요?
린하이	5월 6일이에요.
우림	그럼 모레가 당신 생일이네요, 그렇죠?
린하이	맞아요. 모레 우리 집에 오세요.
우림	좋아요.

어법

● 명사술어문

지금은 3시 10분입니다.

지금은 3시 10분이 아닙니다.

오늘은 5월 3일입니다.

오늘은 5월 3일이 아닙니다.

모레는 월요일입니다.

모레는 월요일이 아닙니다.

● 조사 吧

그는 남동생이 있죠?

당신은 중국인이죠?
내일 우리 집에 오세요.
우리 서점에 가자.

표현

1 당신의 생일은 몇 월 며칠입니까?
당신의 생일은 무슨 요일입니까?
당신의 생일은 모레입니까?
당신의 생일은 다음 주 토요일이죠?

2 당신은 몇 시에 수업을 합니까?
당신은 몇 시에 수업을 마칩니까?
당신은 몇 시에 옵니까?
당신은 몇 시에 밥을 먹습니까?

3 A 오늘은 무슨 요일입니까?
B 오늘은 수요일입니다.

A 어제는 무슨 요일입니까?
B 어제는 화요일입니다.

A 내일은 무슨 요일입니까?
B 내일은 목요일입니다.

09 얼마입니까?

회화

1

판매원	안녕하세요! 무엇을 사시겠습니까?
나현	이 옷은 얼마인가요?
판매원	150위안입니다.
나현	다른 색은 없나요?
판매원	저기 노란색은 어떠세요?
나현	예쁘네요. 제가 한번 입어 봐도 될까요?
판매원	그러세요.

2

우림	이건 얼마예요?
판매원	320위안이요.
우림	이렇게나 비싸요! 좀 싸게 해 주실 수 있나요?
판매원	그럼 300위안으로 하죠.

3

나현	리치 어떻게 팔아요?
판매원	한 근에 13위안이에요.
나현	귤은요?
판매원	한 근에 4.5위안이에요.
나현	리치 한 근이랑 귤 세 근 주세요. 모두 얼마예요?
판매원	26.5위안입니다.

어법

- **정반(正反)의문문**

다른 색은 없나요?
너는 바빠, 안 바빠?
너는 학교에 가니, 안 가니?
너는 한국인이니, 아니니?

- **조동사**

① 나는 중국어를 배우려고 합니다.
나는 가고 싶지 않습니다.
② 내일 당신은 우리 집에 와도 됩니다.
A 저 가도 될까요?
B 안 돼요.
③ 저는 중국어를 가르칠 수 있습니다.
내일 저는 바빠서 올 수 없어요.

표현

1 이 옷은 얼마입니까?
그 노란색은 얼마입니까?
이 책은 얼마입니까?
리치 한 근은 얼마입니까?

2 당신은 삽니까, 안 삽니까?
당신은 합니까, 안 합니까?
당신은 갑니까, 안 갑니까?
당신은 옵니까, 안 옵니까?

3 나는 리치 한 근을 사려고 합니다.
나는 옷 한 벌을 사려고 합니다.
나는 책 한 권을 사려고 합니다.
나는 맥주 한 병을 사려고 합니다.

⑩ 당신은 무엇을 먹고 싶습니까?

회화

①

자오량	중국 음식 먹어 보셨어요?
우림	먹어 봤지. 난 중국 음식 먹는 걸 아주 좋아해.
자오량	중국 음식 할 줄 아세요?
우림	못 해.
자오량	주말에 함께 중국 음식 먹으러 가는 거 어때요?
우림	좋아.

②

린하이	너 무엇을 먹고 싶니?
나현	저는 중국 음식을 잘 몰라요. 선생님이 시키세요!
린하이	종업원! 탕추니우러우 하나, 위샹치에즈 하나, 꿍바오지딩 하나 주세요.
종업원	탕 원하십니까?
린하이	쏸라탕 한 그릇 주세요.
종업원	더 필요한 건 없으십니까?
린하이	됐어요, 고마워요.

③

| 나현 | 이 쓰촨 요리, 저는 지금껏 먹어 본 적이 없어요. |

린하이	어때? 맛있어?
나현	맛있어요.
린하이	좀 더 먹으렴.
나현	너무 배가 불러요.
린하이	그러면 차를 좀 마셔.
나현	네.

어법

• **시태조사 过**
나는 중국 음식을 먹어 본 적 있다.
당신은 중국어를 배운 적 있어요?
그는 우리 집에 와 본 적이 없다.
당신은 베이징에 가 본 적이 없습니까?

• **조동사 会, 想**
① 나는 중국 음식을 할 줄 안다.
　당신은 중국어를 말할 줄 모릅니까?
② 나는 중국에 가고 싶다.
　그는 여기에 오고 싶지 않다.

• **연동문**
우리 함께 놀러 가자.
내일 저희 집에 식사하러 오시겠어요?

표현

1 나는 중국 음식을 먹어 본 적 있다.
나는 일본 음식을 먹어 본 적 있다.
나는 프랑스 음식을 먹어 본 적 있다.
나는 인도 음식을 먹어 본 적 있다.

2 당신은 중국 음식을 할 줄 압니까?
당신은 중국어를 말할 줄 압니까?
당신은 수영을 할 줄 압니까?
당신은 차를 운전할 줄 압니까?

3 쏸라탕 한 그릇 주세요.
계란볶음밥 하나 주세요.
콜라 한 병 주세요.
맥주 한 병 주세요.

11

장밍 있습니까?

회화

1

자오량   여보세요, 장밍 있습니까?

장밍 엄마   없어요. 휴대 전화로 걸어 보세요!

자오량   걸었어요. 그런데 그의 휴대 전화가 계속 꺼져 있어요.

장밍 엄마   그래요? 그는 아마 저녁에 돌아올 거예요. 누구신가요?

자오량   저는 자오량이라고 합니다. 그럼 그가 돌아온 후에 꼭 저에게 전화 달라고 해 주시겠어요?

장밍 엄마   그래요. 반드시 장밍에게 전할게요.

2

우림   여보세요, 진 선생님 계십니까?

여자   여기에는 성이 '진'인 사람은 없습니다.

우림   거기 56327189 아닌가요?

여자   아니에요. 여기는 56321789예요.

우림   죄송합니다.

3

제룬   여보세요?

나현   여보세요, 제룬, 안녕!

제룬   나현아, 무슨 일 있니?

나현   모레에 너 바쁘니?

제룬   별로 바쁘지 않아. 무슨 일이야?

나현   내 친구 한 명이 모레 상하이에 가는데, 너 그녀를 만나줄 수 있니?

제룬   당연하지! 상하이에 도착한 이후에 그녀에게 나한테 전화하라고 해 줘.

나현   알겠어. 고마워!

어법

- **겸어문**

그에게 전화하라고 하세요!

제가 당신에게 식사를 대접하고 싶습니다.

당신이 그에게 내일 돌아오라고 하세요!

선생님께서 나에게 집에 돌아가라고 하셨다.

- **개사 给**

나는 그에게 책을 한 권 사 주고 싶다.

내일 저에게 전화해 주세요!

표현

1   장밍 있습니까?

     퍄오 양 있습니까?

     리우 여사님 계세요?

     진 선생님 계세요?

2   거기 56327189 아닙니까?

     거기 은행 아닙니까?

     거기 베이징 대학교 아닙니까?

     거기 나현이네 집 아닙니까?

3   내 친구 한 명이 모레 상하이에 갑니다.

     내 학우 한 명이 모레 상하이에 갑니다.

     내 동료 한 명이 모레 상하이에 갑니다.

     내 룸메이트 한 명이 모레 상하이에 갑니다.

12

길 묻기

회화

1

나현   말씀 좀 묻겠습니다. 베이징역은 어떻게 가나요?

행인   쭉 걸어가다가 사거리에 도착하면 우회전하세요.

2

우림   말씀 좀 묻겠습니다. 이 근처에 은행이 있나요?

행인   있어요. 바로 사무실 건물 뒤편에 있습니다.

우림   어느 것이 사무실 건물인가요?

행인	보세요! 저것이 바로 사무실 건물이에요.

3 ....

나현	실례합니다, 베이징 도서관에 가려면 몇 번 차를 타나요?
행인	길을 건너서 138번을 타세요.
나현	몇 정거장 가야 하나요?
행인	두 정거장 가면 도착해요.

4 ....

우림	실례합니다, 텐탄 공원에 가려면 어디에서 내리나요?
승객	텐탄 북문역에서 내리세요.
우림	얼마나 더 가야 하나요?
승객	10분 정도요.

어법

- **방위사** (方位词)

앞쪽에 공원이 하나 있다.

은행은 우체국 오른쪽에 있다.

- **존재문** (有, 在, 是)

① 우리 집 뒤쪽에는 은행이 하나 있다.

② 그 은행은 서울역 뒤쪽에 있다.

③ 우리 집 뒤쪽은 은행이다.

　내 뒤는 장 선생님이다.

표현

1 은행에 가려면 어떻게 갑니까?

영화관에 가려면 어떻게 갑니까?

식당에 가려면 어떻게 갑니까?

우체국에 가려면 어떻게 갑니까?

2 쭉 걸어가다 사거리에 도착하면 우회전하세요.

쭉 걸어가다 은행에 도착하면 좌회전하세요.

3 A 말씀 좀 묻겠습니다. 이 근처에 은행이 있나요?

　B 있어요. 바로 사무실 건물 뒤에 있습니다.

　A 말씀 좀 묻겠습니다. 이 근처에 영화관이 있나요?

　B 있어요. 바로 사무실 건물 옆에 있습니다.

　A 말씀 좀 묻겠습니다. 이 근처에 식당이 있나요?

　B 있어요. 바로 사무실 건물 맞은편에 있습니다.

　A 말씀 좀 묻겠습니다. 이 근처에 우체국이 있나요?

　B 있어요. 바로 사무실 건물 서쪽에 있습니다.

13 날씨가 어떻습니까?

회화

1 ....

나현	오늘 날씨 어때?
자오량	일기예보에서는 오늘 맑다고 했어.
나현	밖은 덥니?
자오량	오늘은 어제보다 더 더워.

2 ....

우림	오늘 정말 추워요!
린하이	한국의 겨울도 이렇게 춥나요?
우림	역시 추워요. 오늘 최저 기온이 몇 도예요?
린하이	대략 영하 10도 정도예요.

3 ....

우림	오후에 비가 온다고 하던데.
나현	저는 우산을 안 가져왔는데, 어떡하죠?
우림	걱정 마. 내가 집에 바래다 줄게.

4 ....

우림	너는 어느 계절을 제일 좋아하니?
자오량	저는 겨울을 제일 좋아해요.
우림	나는 추위를 타. 나는 봄을 제일 좋아해.

어법

- 比 **비교문**

오늘은 어제보다 덥다.

그는 너보다 (키가) 더 크다.

이것이 저것보다 더 비싸다.

• **감탄문**

이 옷은 정말 예쁘구나!

오늘 날씨가 얼마나 좋은지!

• 不用

사양할 필요 없어요!

너는 그에게 전화할 필요가 없다.

고맙긴요!

우리는 그곳에 갈 필요가 없다.

• 听说

그녀가 요즘 바쁘다고 들었다.

내일 수업이 없다고 들었다.

린하이가 그러는데 오늘 최저 기온이 영하 10도라고 한다.

일기예보에서 내일 비가 온다고 한다.

표현

1 A 오늘 날씨는 어떻습니까?

　 B 오늘 날씨는 덥습니다.

　　 오늘 날씨는 따뜻합니다.

　　 오늘 날씨는 시원합니다.

2 오늘은 어제보다 더 덥습니다.

　 오늘은 그저께보다 더 덥습니다.

　 오늘은 지난주보다 더 덥습니다.

3 오후에 비가 온다고 하네요.

　 오전에 눈이 내린다고 하네요.

　 내일 바람이 분다고 하네요.

4 나는 봄을 가장 좋아합니다.

　 나는 여름을 가장 좋아합니다.

　 나는 가을을 가장 좋아합니다.

---

14 여행

회화

1

우림　이번 여름 방학에 무엇을 할 계획이니?

나현　시안에 여행 갈 계획이에요.

우림　기차 타고 가니, 아니면 비행기 타고 가니?

나현　기차 타고 가요.

우림　여기에서 얼마나 멀어?

나현　여기에서 시안까지는 고속 철도 타고 다섯 시간 넘게 가야 해요.

우림　그렇게 멀어!

나현　그래도 가 볼 만해요. 병마용이라고 들어 보셨죠? 병마용이 바로 시안에 있어요.

2

린하이　이번 휴가 기간에 한국에 돌아가요, 아니면 중국에 있어요?

우림　한국에 돌아가요. 당신은 한국에 가 봤어요?

린하이　안 가 봤어요. 한국에 아름다운 섬이 하나 있다고 들었는데.

우림　제주도 말하는 거죠?

린하이　맞아요! 가 봤어요?

우림　작년에 가 봤어요. 그곳의 풍경은 특히 아름다워요.

린하이　저도 가 보고 싶어요.

우림　만일 당신이 한국에 온다면 제가 반드시 데리고 갈게요.

린하이　진짜요? 정말 잘됐네요!

어법

• **선택의문문**

이걸 원하세요, 아니면 저걸 원하세요?

봄을 좋아하세요, 아니면 가을을 좋아하세요?

- **개사 离**

  우리 집은 여기에서 멀다.

  오늘은 내 생일로부터 일주일 남았다.

- **从A到B**

  일기예보를 들으니 오늘부터 모레까지 계속 비가 온다고 한다.

  나는 8시부터 12시까지 수업을 한다.

  여기에서 베이징역까지 삼십 분 걸린다.

- **如果**

  만일 당신이 한국에 오면, 내가 반드시 당신을 데리고 가겠다.

  만일 네가 가면 나도 가겠다.

표현

1 저는 시안으로 여행 갈 예정입니다.

저는 영화 보러 갈 예정입니다.

저는 한국에 돌아갈 예정입니다.

저는 중국어를 배울 예정입니다.

2 기차 타고 갑니까, 아니면 비행기 타고 갑니까?

학생입니까, 아니면 선생님입니까?

오늘 갑니까, 아니면 내일 갑니까?

커피 마십니까, 아니면 차 마십니까?

3 여기에서 시안까지 고속 철도를 타고 다섯 시간 넘게 걸립니다.

학교에서 병원까지 버스 타고 삼십 분 걸립니다.

우리 집에서 기차역까지 지하철 타고 두 시간 걸립니다.

인천에서 칭다오까지 배 타고 10여 시간 걸립니다.

01 爸爸妈妈

연습

1
(1) lù　　hé　　jǐ　　dà
(2) bō　　lǜ　　zú　　xì
(3) jí　　nǔ　　qǐ　　gù

3
(1) kē　(2) pó　(3) lǚ　(4) shā
(5) jū　(6) cī　(7) yī　(8) rè

02 你好!

연습

1
(1) bāi　　máo　　fǒu　　dùn
(2) zán　　cóng　　néng　　gòng
(3) zhāi　　cháo　　shǒu　　rēng

2
(1) měi　(2) fēn　(3) tóu　(4) kǎo
(5) pái　(6) náng　(7) chǎo　(8) zài

3
(1) ⓓ　(2) ⓒ　(3) ⓑ　(4) ⓐ

녹음 대본

(1) A 你好!
　　B 你好!
(2) A 对不起!
　　B 没关系!
(3) A 再见!
　　B 再见!
(4) A 谢谢!
　　B 不客气!

03 你最近怎么样?

연습

1
(1) jiā　　qiáo　　xiě　　diū
(2) tiān　　nín　　liàng　　mìng
(3) miè　　piě　　piáo　　jiāng

2
(1) piān　(2) miè　(3) tiào　(4) jīn
(5) miàn　(6) tiē　(7) qióng　(8) bīng

3
(1) ⓑ　　(2) ⓒ　　(3) ⓐ

녹음 대본

(1) 你工作忙吗?
(2) 好久不见!
(3) 你身体好吗?

4
(1) 忙吗 / 很忙 / 你呢 / 也很忙
(2) 好吗 / 很好 / 你呢 / 也很好

04 您贵姓?

연습

1
(1) duō　　tuí　　nuǎn　　lùn
(2) jǔ　　zhuì　　chún　　shuān
(3) guā　　kuò　　huáng　　ruì

2
(1) bù　(2) tuō　(3) suàn　(4) zhǔn
(5) nuó　(6) suǒ　(7) huàn　(8) zhuāng

3
(1) ⓓ　(2) ⓐ　(3) ⓑ　(4) ⓒ

(1) 您贵姓?

(2) 他是谁?

(3) 你叫什么名字?

(4) 他姓什么?

05 你是哪国人?

어법

• 是자문

① 我是韩国人。

② 我也是中国人。

③ 我不是学生，我是老师。

• 개사 在

① 我在银行工作。

② 你在哪儿念书?

• 인칭대사

①, ③

연습

1 (1) ⓐ　　(2) ⓓ　　(3) ⓑ　　(4) ⓒ

(1) A 你是中国人吗?

　　B 不是，我是韩国人。

(2) A 您做什么工作?

　　B 我是老师，我教英语。

(3) A 她是医生吗?

　　B 是，她是医生。

(4) A 她在哪儿工作?

　　B 她是学生。她在北京大学念书。

2 (1) 哪国 / 中国

　　(2) 做 / 工作 / 中学老师

　　(3) 在哪儿 / 在银行

　　(4) 也是 / 不是 / 韩国人

(1) A 你是哪国人?

　　B 我是中国人。

(2) A 您做什么工作?

　　B 我是中学老师。

(3) A 你在哪儿工作?

　　B 我在银行工作。

(4) A 你也是中国人吗?

　　B 我不是中国人，我是韩国人。

3 (1) A 他是哪国人?

　　　B 他是韩国人。

　　　A 他叫什么名字?

　　　B 他叫张健。

　　　A 他做什么工作?

　　　B 他是医生。

　　(2) A 她是哪国人?

　　　B 她是美国人。

　　　A 她叫什么名字?

　　　B 她叫玛丽。

　　　A 她做什么工作?

　　　B 她是学生。她在北京大学念书。

4 (1) 在书店工作。

　　(2) 在医院工作。

06 你家有几口人？

어법

• 중국어 숫자 표현

① shí'èr

② èrshísì

③ èrbǎi líng bā

• 有자문

① 有 / 没有　② 没有

• 나이를 묻는 표현

① 您多大年纪？

② 你属什么？

③ 你今年几岁？

④ 你今年多大？

• 多+형용사

① 多高　　② 多大　　③ 多重

연습

1 (1) X　　(2) O　　(3) X　　(4) X

녹음 대본

我家有四口人，爸爸、妈妈、姐姐和我。爸爸今年五十一岁，妈妈四十五岁。爸爸在银行工作，妈妈不工作。姐姐今年二十三岁，她在中国念书。

2 (1) A 你家有几口人？
　　　B 六口人。
　　　A 你家有什么人？
　　　B 爷爷、奶奶、爸爸、妈妈、哥哥和我。

　　(2) A 你家有几口人？
　　　B 五口人。
　　　A 你家有什么人？
　　　B 爸爸、妈妈、姐姐、妹妹和我。

　　(3) A 你家有几口人？
　　　B 五口人。
　　　A 你家有什么人？
　　　B 爸爸、妈妈、姐姐、弟弟和我。

3 (1) A 你今年多大？
　　　B 我今年三十五岁。
　　　A 你是老大吗？
　　　B 我是老大。
　　　A 你儿子今年几岁？
　　　B 我儿子今年五岁。

　　(2) A 你今年多大？
　　　B 我今年二十岁。
　　　A 你有兄弟姐妹吗？
　　　B 我没有兄弟姐妹。
　　　A 你爸爸今年多大年纪？
　　　B 我爸爸今年四十九岁。

　　(3) A 你今年多大？
　　　B 我今年十二岁。
　　　A 你是老大吗？
　　　B 不是，我是老二。
　　　A 你妈妈今年多大年纪？
　　　B 我妈妈今年三十八岁。

　　(4) A 你今年多大？
　　　B 我今年四十三岁。
　　　A 你是老大吗？
　　　B 不是，我是老幺。
　　　A 你儿子今年几岁？
　　　B 我儿子今年十岁。

4 (1) 多高　　(2) 多大　　(3) 多重

어법

- **시각의 표현**
  ① 两点十五分/两点一刻
  ② 八点五分
  ③ 十一点五十五分/差五分十二点

- **년, 월, 일, 요일 표현**
  ① 二零二二年
  ② 星期天/星期日

- **명사술어문**
  ① 现在四点四十五分。/现在差一刻五点。
  ② 今天不是五月六号，是五月九号。
  ③ 今天不是星期四，是星期五。

- **조사** 吧
  (1) ① 你工作忙吧?
      ② 后天是你妹妹的生日吧?
      ③ 你们来我家吧。
  (2) ②

연습

1 (1) ⓑ (2) ⓐ (3) ⓒ (4) ⓓ

녹음 대본

(1) A 现在两点吗?
    B 现在不是两点，是两点半。

(2) A 下个星期四是十三号吧?
    B 下个星期四不是十三号，是十二号。

(3) A 后天是你的生日吧?
    B 对。后天来我家吧。

(4) A 你几点上课?
    B 我十点上课。

2 (1) ✕   (2) ✕   (3) ○

녹음 대본

今天七月一号，星期五。明天是我姐姐的生日。
明天我姐姐的朋友们来我家。

3 (1) 一九八八年八月十五号星期三
  (2) 二零零二年七月四号星期天/星期日
  (3) 二零二一年三月三十一号星期一
  (4) 二零三零年六月二十九号星期五

4 (1) 你是中国人吧?
  (2) 你去书店吧?

08 복습 Ⅰ

발음

문제로 다지기

(1) ① b   ② f   ③ c   ④ g
    ⑤ l   ⑥ zh   ⑦ sh   ⑧ d
    ⑨ l   ⑩ j   ⑪ h   ⑫ ch

(2) ① ǔ   ② ōng   ③ ǒu   ④ ēn
    ⑤ áng   ⑥ àn   ⑦ ào   ⑧ ǒu
    ⑨ ēi   ⑩ iā   ⑪ ái   ⑫ ēng

단어

*정답 순서: 왼쪽→오른쪽, 위→아래

(1) 九 / 八 / 七 / 二 / 三
(2) 他们 / 您 / 她们 / 你们 / 它们

회화

(1) ① 你今年多大?
    ② 三十岁! 你在哪儿工作?
    ③ 我在中学教汉语。

④ 我也是汉语老师！

(2) ① 今天几月几号？ ② 4月10号。
③ 星期几？ ④ 星期天。
⑤ 现在几点？ ⑥ 8点。

(1) ① 是 ② 在 ③ 有
④ 在 ⑤ 有 ⑥ 是

(2) ① 吧 ② 多 ③ 口
④ 个 ⑤ 多 ⑥ 吧

(3) ① 你是中国人吧？
② 我在大学教英语。
③ 他有两个妹妹。
④ 你今年多大？

09 多少钱？

어법

• **런민삐 읽는 방법**

① 五块一毛六(分)
② 十五块零七(分)
③ 二百零五(块)
④ 三十五块(钱)

• **정반(正反) 의문문**

① 是不是
② 有没有

• **조동사**

① 你能来我家
② 可以借你的书
③ 要买什么颜色的

연습

1   ⓑ

녹음 대본

A 您好！您要买什么？
B 这件衣服多少钱？
A 四百二。
B 这么贵！能不能便宜点儿？
A 那就四百吧。
B 有没有别的颜色的？
A 有，黄色的怎么样？
B 很好看。我要买这件黄色的。

2 (1) 27.5元

녹음 대본

A 您好！您要买什么？
B 橘子怎么卖？
A 一斤三块五。
B 荔枝呢？
A 一斤十二块。
B 要买一斤橘子，两斤荔枝。一共多少钱？

3 (1) 多少 / 有没有
(2) 怎么 / 便宜点儿

4 (1) 不想
(2) 能 / 不能
(3) 不想 / 要

10 你想吃什么？

어법

• **시태조사 过**

① 我( )在( )北京( )见(✓)他。
② 他( )在( )中国( )学(✓)汉语。

③ 我（ ）从来（ ）没（ ）吃（✓）四川菜。

- **조동사** 会, 想
  ① 他不会说英语。
  ② 你想吃什么？
  ③ 我不想喝茶。

- **연동문**
  ① 我去他家吃饭。
  ② 我去中国学汉语。
  ③ 他来韩国见朋友。

연습

1 (1) 吃过／吃过／喜欢／去吃／好吗
　　(2) 没吃过／好吃吗／很好吃／吃一点儿／太饱了／喝一点儿

녹음 대본

(1) A 你吃过中国菜吗？
　　B 吃过。我很喜欢吃中国菜。
　　A 周末一起去吃中国菜，好吗？
　　B 好。

(2) A 这道四川菜，我从来没吃过。
　　B 怎么样？好吃吗？
　　A 很好吃。
　　B 再吃一点儿吧。
　　A 太饱了。
　　B 那喝一点儿茶。
　　A 好。

2 (1) ⓑ　　(2) ⓒ　　(3) ⓓ　　(4) ⓐ

녹음 대본

(1) A 你想喝什么？
　　B 我想喝咖啡。

(2) A 你去过北京吗？
　　B 没去过。
　　A 周末一起去北京，好吗？

(3) A 你会说汉语吗？
　　B 不会。
　　A 你说的"不会"，也是汉语。

(4) A 你吃过四川菜吗？
　　B 我从来没吃过。好吃吗？
　　A 很好吃。吃四川菜吧！

3 A 服务员！来一个宫保鸡丁，一个鸡蛋炒饭／鱼香茄子／糖醋牛肉。
　　B 要汤吗？
　　A 来一碗酸辣汤。
　　B 还要别的吗？
　　A 来一瓶可乐／两瓶啤酒。／不要了。

4 (1) 你想吃什么菜？
　　(2) 你会说英语吗？
　　(3) 你想去印度吗？

11　张明在吗？

어법

- **겸어문**
  (1) ① 请他给我回个电话。
  　　② 我想请他来我家。

  (2) ① 老师叫你明天来学校！
  　　② 妈妈叫哥哥吃饭。

- **개사** 给
  ① 不想给他回电话。
  ② 我给你买这本书吧。
  ③ 你想给他买这件衣服吗？

연습

1 (1) 在吗／他不在／一直关机／晚上回来
　　(2) 有什么事／能见／当然／以后／打电话

(1) A 喂，张明在吗?
    B 他不在，您打他的手机吧。
    A 打了。可他的手机一直关机。
    B 是吗? 他可能晚上回来。

(2) A 喂，娜贤!
    B 喂，杰伦，有什么事吗?
    A 后天我朋友去上海，你能见她吗?
    B 当然! 到上海以后叫她给我打电话。

2 (1) ⓑ　　(2) ⓒ　　(3) ⓐ　　(4) ⓓ

(1) A 喂，娜贤，你好!
    B 张明，有什么事吗?

(2) A 您是哪一位?
    B 我是他的朋友，雨林。

(3) A 李先生在吗?
    B 这儿没有姓李的。

(4) A 您那儿不是7362031吗?
    B 不，这儿是7362013。

3 (1) 妈妈叫我给朋友打电话。
    (2) 我请老师吃饭。

12 问路

어법

• **방위사**(方位词)

① 左边　　② 北边　　③ 里

• **존재문**(有, 在, 是)

① 有 또는 是 / 有 또는 是
② 有 또는 是 / 有 또는 是
③ 在 / 在

연습

1 (1) 电影院　　(2) 银行
    (3) 学校　　(4) 办公楼

(1) ⓐ 去〇〇〇怎么走?
    A 一直走，到十字路口往左拐。邮局对面就是。

(2) ⓑ 去〇〇〇怎么走?
    A 一直走，到十字路口往右拐。电影院旁边就是。

(3) ⓒ 去〇〇〇怎么走?
    A 一直走，到十字路口往左拐。电影院对面就是。

(4) ⓓ 去〇〇〇怎么走?
    A 你看! 你的右边就是。

2 (1) 银行在韩国医院旁边。
    (2) 学校里有一个邮局。
    (3) 电影院对面是公园。

3 (1) 桌子上有两本书。
    (2) 赵亮在娜贤后边。
    (3) 林海的书在床下边。
    (4) 银行旁边是电影院。

4 有 / 是 / 在 / 在

13 天气怎么样?

어법

• 比**비교문**

① 比 / 更热　　② 比 / 还高　　③ 比 / 更贵

① 啊　　　　② 啊

● 不用

① 不用来

② 不用学汉语

③ 不用在这儿工作

● 听说

① 听说她是美国人。

② 听说你喜欢吃中国菜。

③ 听说宫保鸡丁很好吃。

연습

1 (1) ⓑ　　　(2) ⓓ　　　(3) ⓐ　　　(4) ⓒ

녹음 대본

(1) A 听说下午有雨!

　　B 我没带雨伞。你送我回家吧。

(2) A 你喜欢哪个季节?

　　B 我最喜欢春天。

(3) A 今天天气怎么样?

　　B 听天气预报说,今天晴天。

(4) A 今天最低气温是多少度?

　　B 大概零下十度吧,真冷啊!

2 (1) 怎么样 / 比 / 还热 / 这么热 / 很热

　　(2) 夏天 / 不怕 / 不怕

녹음 대본

(1) A 今天天气怎么样?

　　B 今天比昨天还热。

　　A 韩国的夏天也这么热吗?

　　B 也很热。

(2) A 我喜欢春天。你呢?

　　B 我喜欢夏天。

　　A 你不怕热吗?

　　B 我不怕热。

3 (1) 比妈妈大 / 比爸爸小

　　(2) 比我的(头发)长 / 比姐姐的(头发)短

　　(3) 比弟弟的(个子)高 / 比哥哥的(个子)矮

4 今天的气温比昨天高。

今天的气温比今天低。

今天比昨天热。

明天比今天凉快。

14 旅行

어법

● 선택의문문

① 汉语还是英语

② 苹果还是香蕉

③ 宫保鸡丁还是糖醋牛肉

● 개사 离

① 离学校很远

② 离上课时间还有十分钟

● 从A到B

① 从6月3号到6月9号放假。

② 从九点到十点上课。

③ 从图书馆到银行得二十分钟。/ 从银行到图书馆得二十分钟。

● 如果

① 如果他不去,我也不去。

② 如果你吃饭,我吃面条。

연습

1 (1) ✕　　　(2) ○　　　(3) ✕　　　(4) ○

我有一个韩国朋友，他在韩国教汉语。我从来没去过韩国。这个暑假我打算去韩国见他。听说韩国菜很好吃。我朋友说，我来韩国以后他打算带我去很多地方，一起吃韩国菜。

2 (1) 他是你哥哥还是你弟弟?

(2) 你想喝咖啡还是喝绿茶?

(3) 您要买苹果还是买草莓?

(4) 我们坐公交车去还是坐出租车去?

3 打算 / 从 / 到 / 多 / 小时 / 离 / 飞机去 / 还是 / 火车去

어법

(1) ① 给 ② 请 ③ 过
④ 过 ⑤ 给 ⑥ 过

(2) ① 左边 ② 离 ③ 比
④ 离 ⑤ 在 ⑥ 比

(3) ① 我不喜欢黄色的。有没有别的颜色的?
② 下个星期三我妹妹去首尔，你能见她吗?
③ 你学英语还是学汉语?
④ 从首尔到北京坐飞机得两个小时。

---

15 복습 Ⅱ

단어

*정답 순서: 왼쪽→오른쪽, 위→아래

(1) 橘子 / 草莓 / 荔枝 / 香蕉 / 苹果

(2) 旁边 / 上边 / 下边 / 左边 / 前边 / 里边

(3) 北京站 / 银行 / 书店 / 电影院 / 医院 / 办公楼

(4) 春天 / 热 / 凉快 / 冬天

회화

(1) ① 这个多少钱?
② 800块。
③ 能不能便宜点儿?

(2) ① 请问!
② 去明洞怎么走?
③ 去明洞坐几路车?
④ 过马路，坐507路。
⑤ 谢谢!

단어 색인

218

한어병음 자모 배합표

	a	o	e	i(-i)	u	ü	ai	ao	an	ang	ou	ong	ei	en	eng	er	ia
b	ba	bo		bi	bu		bai	bao	ban	bang			bei	ben	beng		
p	pa	po		pi	pu		pai	pao	pan	pang	pou		pei	pen	peng		
m	ma	mo	me	mi	mu		mai	mao	man	mang	mou		mei	men	meng		
f	fa	fo			fu				fan	fang	fou		fei	fen	feng		
d	da		de	di	du		dai	dao	dan	dang	dou	dong	dei	den	deng		
t	ta		te	ti	tu		tai	tao	tan	tang	tou	tong			teng		
n	na		ne	ni	nu	nü	nai	nao	nan	nang	nou	nong	nei	nen	neng		
l	la		le	li	lu	lü	lai	lao	lan	lang	lou	long	lei		leng		lia
g	ga		ge		gu		gai	gao	gan	gang	gou	gong	gei	gen	geng		
k	ka		ke		ku		kai	kao	kan	kang	kou	kong	kei	ken	keng		
h	ha		he		hu		hai	hao	han	hang	hou	hong	hei	hen	heng		
j				ji	ju												jia
q				qi	qu												qia
x				xi	xu												xia
zh	zha		zhe	zhi	zhu		zhai	zhao	zhan	zhang	zhou	zhong	zhei	zhen	zheng		
ch	cha		che	chi	chu		chai	chao	chan	chang	chou	chong		chen	cheng		
sh	sha		she	shi	shu		shai	shao	shan	shang	shou		shei	shen	sheng		
r			re	ri	ru			rao	ran	rang	rou	rong		ren	reng		
z	za		ze	zi	zu		zai	zao	zan	zang	zou	zong	zei	zen	zeng		
c	ca		ce	ci	cu		cai	cao	can	cang	cou	cong		cen	ceng		
s	sa		se	si	su		sai	sao	san	sang	sou	song		sen	seng		
성모가 없을 때	a	o	e	yi	wu	yu	ai	ao	an	ang	ou		ei	en	eng	er	ya

○ 운모 'ü'가 성모 'j', 'q', 'x'와 결합할 때 각각 'ju', 'qu', 'xu'로 표기한다.

○ 'i'의 발음은 우리말 '으' 발음과 유사한데, 구강의 앞부분에서 발음하도록 한다.

○ 운모 'i', 'u', 'ü'가 성모 없이 단독으로 쓰일 때 각각 'yi', 'wu', 'yu'로 표기한다.

ie	iao	iou(iu)	ian	in	iang	ing	iong	ua	uo	uai	uei(ui)	uan	uen(un)	uang	ueng	üe	üan	ün
bie	biao		bian	bin		bing												
pie	piao		pian	pin		ping												
mie	miao	miu	mian	min		ming												
die	diao	diu	dian			ding			duo		dui	duan	dun					
tie	tiao		tian			ting			tuo		tui	tuan	tun					
nie	niao	niu	nian	nin	niang	ning			nuo			nuan				nüe		
lie	liao	liu	lian	lin	liang	ling			luo			luan	lun			lüe		
								gua	guo	guai	gui	guan	gun	guang				
								kua	kuo	kuai	kui	kuan	kun	kuang				
								hua	huo	huai	hui	huan	hun	huang				
jie	jiao	jiu	jian	jin	jiang	jing	jiong									jue	juan	jun
qie	qiao	qiu	qian	qin	qiang	qing	qiong									que	quan	qun
xie	xiao	xiu	xian	xin	xiang	xing	xiong									xue	xuan	xun
								zhua	zhuo	zhuai	zhui	zhuan	zhun	zhuang				
								chua	chuo	chuai	chui	chuan	chun	chuang				
								shua	shuo	shuai	shui	shuan	shun	shuang				
								rua	ruo		rui	ruan	run					
									zuo		zui	zuan	zun					
									cuo		cui	cuan	cun					
									suo		sui	suan	sun					
ye	yao	you	yan	yin	yang	ying	yong	wa	wo	wai	wei	wan	wen	wang	weng	yue	yuan	yun

'uei', 'uen'이 성모와 결합할 때 각각 'ui', 'un'으로 표기한다.

'ü'가 'j', 'q', 'x'와 결합할 때 'u'로 표기한다.

'iou'가 성모와 결합할 때 'iu'로 표기한다.

'i'가 음절의 첫 글자로 쓰일 때 'y'로 표기한다.

'ü'가 음절의 첫 글자로 쓰일 때 'yu'로 표기한다.

'u'가 음절의 첫 글자로 쓰일 때 'w'로 표기한다.

* 가장 아래쪽에 있는 음절들은 해당 음절이 단독으로 쓰일 때의 표기법입니다.
* 감탄사에 나오는 음절들(ng, hng 등)은 생략하였습니다.

다락원 홈페이지에서 MP3 파일
다운로드 및 실시간 재생 서비스

최신개정

다락원 중국어 마스터 STEP 1

지은이 박정구, 백은희
펴낸이 정규도
펴낸곳 (주)다락원

제1판 1쇄 발행 2008년 6월 23일
제2판 1쇄 발행 2021년 11월 1일
제2판 5쇄 발행 2024년 8월 8일

기획·편집 김혜민, 이상윤
디자인 김교빈, 김나경, 최영란
일러스트 정민영, 최석현
사진 Shutterstock

다락원 경기도 파주시 문발로 211
전화 (02)736-2031 (내선 250~252 / 내선 430, 431)
팩스 (02)732-2037
출판등록 1977년 9월 16일 제406-2008-000007호

Copyright © 2021, 박정구·백은희

ISBN 978-89-277-2288-5 14720
　　　　978-89-277-2287-8 (set)

www.darakwon.co.kr
다락원 홈페이지를 방문하시면 상세한 출판 정보와 함께 동영상 강좌, MP3 자료 등 다양한 어학 정보를 얻으실 수 있습니다.

최신
개정

다락원
중국어
마스터

박정구·백은희 공저

워크북

이름:

STEP

1

다락원

다락원 중국어 마스터

박정구·백은희 공저

워크북

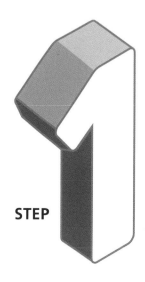

STEP 1

다락원

이 책의 구성과 활용법

예습하기

본문을 배우기 앞서 각 과에 나오는 단어 쓰기로 예습하는 코너입니다. 간체자에 익숙해짐과 동시에 단어를 암기해 보세요.

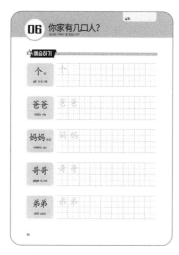

연습하기

본문의 회화가 트랙별로 제공되어 있어 반복해서 들으며 따라 쓸 수 있도록 했습니다. 다음과 같은 단계로 듣고 쓰기를 권장합니다.

❶ 녹음을 들으며 성조 체크

❸ 한 번 더 쓰기

Nǐ shì lǎodà ma?
나현 你是老大吗? 你是老大吗?

❷ 녹음을 들으며 따라 쓰기

❶ 녹음을 들으며 제시되어 있는 한어병음의 모음 위에 성조를 표기해 보세요.
❷ 녹음을 들으며 제시되어 있는 문장을 따라 써 보세요.
❸ 녹음을 들으며 빈칸에 중국어 문장을 받아 써 보세요.

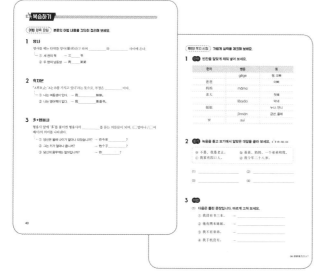

복습하기

어법 압축 파일로 본문에서 배운 어법을 스스로 정리하고, **확인! 쪽지 시험**으로 자신의 실력을 최종 테스트해 보세요.

* 워크북의 정답 및 녹음 대본은 다락원 홈페이지 (www.darakwon.co.kr)의 '학습자료 ▶ 중국어'에서 다운로드 받으실 수 있습니다.

차례

爸爸妈妈

아빠 엄마

🖊️ **연습하기** ●●

성조 녹음을 듣고 큰 소리로 따라 읽으며 성조를 잘 익혀 보세요. 🎧 W-01-01

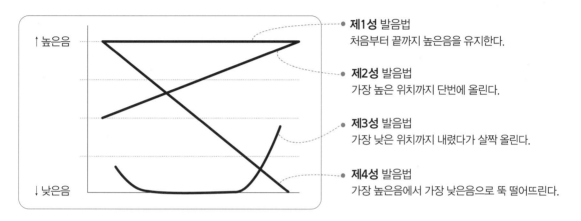

제1성 발음법
처음부터 끝까지 높은음을 유지한다.

제2성 발음법
가장 높은 위치까지 단번에 올린다.

제3성 발음법
가장 낮은 위치까지 내렸다가 살짝 올린다.

제4성 발음법
가장 높은음에서 가장 낮은음으로 뚝 떨어뜨린다.

① 제1성	mā(妈)	bā(八)	fā(发)
② 제2성	má(麻)	bá(拔)	fá(罚)
③ 제3성	mǎ(马)	bǎ(把)	fǎ(法)
④ 제4성	mà(骂)	bà(爸)	fà(珐)

▶ 경성

① 제1성+경성	māma(妈妈)	gēge(哥哥)	tāmen(他们)
② 제2성+경성	yéye(爷爷)	bózi(脖子)	suízhe(随着)
③ 제3성+경성	wǒmen(我们)	jiějie(姐姐)	nǎinai(奶奶)
④ 제4성+경성	xièxie(谢谢)	bàba(爸爸)	jìngzi(镜子)

다음은 성모와 운모의 결합입니다. 녹음을 따라 읽으며 써 보세요. 🎧 W-01-02

성모＼운모	a	o	e	i(-i)	u	ü
b						
p						
m						
f						
d						
t						
n						
l						
g						
k						
h						
j						
q						
x						
z						
c						
s						
zh						
ch						
sh						
r						
성모가 없을 때	a	o	e	yi	wu	yu

ü가 j, q, x와 만날 때, 표기는 ju, qu, xu로 한다.

i, u, ü가 단독으로 표시될 때, 표기는 yi, wu, yu로 한다.

▶ 따라 읽기

bàba(爸爸)	pópo(婆婆)	māma(妈妈)	fū(夫)	dìdi(弟弟)	dìtú(地图)
mónǐ(模拟)	lǎba(喇叭)	gūdú(孤独)	kělè(可乐)	húli(狐狸)	dǎjī(打击)
qù(去)	xū(需)	lǐzi(李子)	gēcí(歌词)	cūsī(粗丝)	lǜsè(绿色)
zázhì(杂志)	chī(吃)	shīzi(狮子)	rìzi(日子)		

복습하기

확인! 쪽지 시험 | 가볍게 실력을 체크해 보세요.

1 녹음을 듣고 해당하는 발음에 O표해 보세요. 🎧 W-01-03

(1) b   p   m   f

(2) d   t   n   l

(3) g   k   h

(4) j   q   x

(5) z   c   s

(6) zh   ch   sh   r

(7) a   o   e

(8) i   u   ü

2 녹음을 듣고 밑줄 친 부분에 해당하는 한어병음을 써 보세요. 🎧 W-01-04

(1) _____è   (2) _____ā   (3) _____í   (4) _____ì

(5) d_____   (6) zh_____   (7) j_____   (8) b_____

3 녹음을 듣고 나머지 셋과 성조가 다른 발음을 골라 보세요. 🎧 W-01-05

(1) da   hu   mi   he

(2) ba   gu   tu   ke

(3) ni   ta   ba   chu

(4) li   de   qu   pa

4 녹음을 듣고 주어진 한어병음과 같은 번호에 표시해 보세요. 🎧 W-01-06

(1) ō   ①   ②   ③   ④

(2) zǐ   ①   ②   ③   ④

(3) nǚ   ①   ②   ③   ④

(4) chī   ①   ②   ③   ④

5 녹음을 듣고 해당하는 성모와 운모를 연결해 보세요. 🎧 W-01-07

(1) b •   • ① a

(2) p •   • ② o

(3) d •   • ③ e

(4) t •   • ④ i

6 녹음을 듣고 한어병음을 적어 보세요. 🎧 W-01-08

(1) _____   (2) _____   (3) _____

(4) _____   (5) _____   (6) _____

(7) _____   (8) _____

02 你好!
안녕하세요!

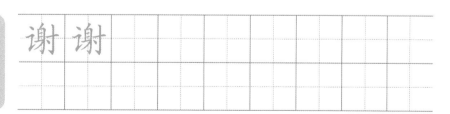

예습하기

| 你 | 你 | | | | | | | | |
| nǐ 너, 당신 | | | | | | | | | |

| 好 | 好 | | | | | | | | |
| hǎo 안녕하다 | | | | | | | | | |

| 再见 再見 | 再 | 见 | | | | | | | |
| zàijiàn 잘 가, 안녕 [헤어질 때 하는 인사] | | | | | | | | | |

| 谢谢 謝謝 | 谢 | 谢 | | | | | | | |
| xièxie 감사합니다 | | | | | | | | | |

| 不 | 不 | | | | | | | | |
| bù ~하지 않다 | | | | | | | | | |

客气　客氣

客气

对不起　對不起

duìbuqǐ
미안합니다, 죄송합니다

对　不　起

没关系　没關係

méi guānxi　괜찮습니다

没　关　系

연습하기

발음 다음은 성모와 운모의 결합입니다. 녹음을 따라 읽으며 써 보세요. 🎧 W-02-01

운모\성모	ai	ao	ei	ou	an	en	ang	eng	ong
b									
p									
m									
f									
d									
t									
n									
l									
g									
k									
h									
j									
q									
x									
z									
c									
s									
zh									
ch									
sh									
r									
성모가 없을 때	ai	ao	ei	ou	an	en	ang	eng	

▶ 따라 읽기

zài(在)	dào(到)	fēi(飞)	gǒu(狗)	sān(三)
zěnme(怎么)	máng(忙)	děng(等)	hóngsè(红色)	

성조 변화 녹음을 듣고 성조 변화를 연습해 보세요. 🎧 W-02-02

▶ '제3성'의 성조 변화 제3성과 제3성이 연이어 나올 경우, 앞의 제3성은 제2성으로 발음하고, 뒤에 제1, 2, 4성, 경성이 올 때는 앞의 제3성을 반3성으로 발음한다.

① 제3성+제1성   gěi tā   hěn gāo
② 제3성+제2성   hěn máng   qǐlái
③ 제3성+제3성   nǐ hǎo   hěn hǎo
④ 제3성+제4성   zǐxì   hǎokàn
⑤ 제3성+경성   hǎo de   nǎinai

▶ '一'의 성조 변화 '一' 뒤에 제1, 2, 3성이 올 때는 제4성으로, 뒤에 제4성이 올 때는 제2성으로 읽는다.

yìbān   yìlái   yìqǐ   yíkàn

▶ '不'의 성조 변화 '不' 뒤에 제4성이 올 때는 제2성으로 읽는다.

bú shì   bú kàn   bú qù

1 .... 🎧 W-02-03

나현
Ni hao!
你好!

_____

자오량
Ni hao!
你好!

_____

2 .... 🎧 W-02-04

나현
Zaijian!
再见!

_____

우림
Zaijian!
再见!

_____

3 .... 🎧 W-02-05

나현
Xiexie!
谢谢!

_____

자오량
Bu keqi!
不客气!

_____

Duibuqi!

린하이   对不起!   _____

Mei guanxi!

우림   没关系!   _____

🔊 복습하기 •••

(확인! 쪽지 시험)   **가볍게 실력을 체크해 보세요.**

1 **발음**

(1) **녹음을 듣고 성조를 표기해 보세요.** 🎧 W-02-07

① bai – bai   ② pao – pao   ③ lei – lei

④ gou – gou   ⑤ hai – hai   ⑥ dou – dou

(2) **녹음을 듣고 밑줄 친 부분에 성모를 써 보세요.** 🎧 W-02-08

① _____éi – _____éi   ② _____ǎo – _____ǎo

③ _____ài – _____ài   ④ _____áo – _____áo

⑤ _____āi – _____āi   ⑥ _____òu – _____òu

(3) **녹음을 듣고 밑줄 친 부분에 해당하는 한어병음을 써 보세요.** 🎧 W-02-09

① b_____ – b_____   ② m_____ – m_____

③ g_____ – g_____   ④ sh_____ – sh_____

⑤ ch_____ – ch_____   ⑥ r_____ – r_____

⑦ b_____ – b_____   ⑧ d_____ – d_____

(4) 녹음을 듣고 발음을 알맞게 연결해 보세요. 🎧 W-02-10

① nǐ   •   • kèqi

② zài   •   • jiàn

③ bú   •   • xie

④ xiè   •   • guānxi

⑤ méi   •   • hǎo

2 **단어** 빈칸을 알맞게 채워 넣어 보세요.

한자	병음	뜻
你	nǐ	
	hǎo	안녕하다
	zàijiàn	잘 가, 안녕
谢谢		고맙습니다
不		~하지 않다
客气	kèqi	
	duìbuqǐ	미안합니다, 죄송합니다
没关系		괜찮습니다

3 **듣기** 녹음을 듣고, 각 녹음 내용의 대답으로 할 수 있는 표현을 골라 보세요. 🎧 W-02-11

(1) _____   (2) _____   (3) _____   (4) _____

ⓐ 你好!

ⓑ 不客气!

ⓒ 没关系!

ⓓ 再见!

你最近怎么样?

요즘 어떻습니까?

 예습하기

最近	最 近
zuìjìn 최근, 요즘	

怎么样 怎麼樣	怎 么 样
zěnmeyàng 어떠한가	

还 還	还
hái 그런대로, 비교적	

可以	可 以
kěyǐ 좋다, 괜찮다	

身体 身體	身 体
shēntǐ 몸, 신체	

吗 嗎 ma [의문을 나타내는 조사]	吗							

很 hěn 아주, 매우	很							

呢 ne [의문을 나타내는 조사]	呢							

我 wǒ 나, 저	我							

工作 gōngzuò 일	工 作							

忙 máng 바쁘다	忙							

연습하기

발음 다음은 성모와 운모의 결합입니다. 녹음을 따라 읽으며 써 보세요. 🎧 W-03-01

| | i로 시작하는 운모 | | | | | | | | | ü로 시작하는 운모 | | |
운모 성모	ia	ie	iao	iou (iu)	ian	in	iang	ing	iong	üe	üan	ün
b												
p												
m												
f												
d												
t												
n												
l												
g												
k												
h												
j												
q												
x												
z												
c												
s												
zh												
ch												
sh												
r												
성모가 없을 때	ya	ye	yao	you	yan	yin	yang	ying	yong	yue	yuan	yun

iou가 성모와 결합할 때 표기는 iu로 한다.

ü가 j, q, x와 결합할 때 표기는 u로 한다.

i, ü로 시작하는 운모가 앞에 음절의 첫머리에 오면, i, ü는 각각 y, yu로 표기한다.

18

▶ 따라 읽기

jiā(家)	qiézi(茄子)	niǎo(鸟)	jiāyóu(加油)
niàn(念)	shēngyīn(声音)	yáng(羊)	yǐngxiǎng(影响)
xióngmāo(熊猫)	xuéxí(学习)	yǒngyuǎn(永远)	qúnzi(裙子)

본문 받아쓰기 녹음을 반복해서 들으며 성조를 표기해 보고, 문장을 따라 써 보세요.

1

Ni zuijin zenmeyang?

자오량　你最近怎么样？　_____

Hai keyi.

나현　还可以。　_____

2

Ni shenti hao ma?

자오량　你身体好吗？　_____

Hen hao. Ni ne?

우림　很好。　你呢？　_____

Wo ye hen hao.

자오량　我也很好。　_____

Hao jiu bu jian! Ni gongzuo mang ma?

린하이 好久不见!   你工作忙吗?

_____

Bu mang. Ni ne?

우림 不忙。   你呢?

_____

Wo hen mang.

린하이 我很忙。

_____

복습하기

(확인! 쪽지 시험) 가볍게 실력을 체크해 보세요.

1 발음

(1) 녹음을 듣고 성조를 표기해 보세요. 🎧 W-03-05

① bie – bie   ② piao – piao

③ liu – liu   ④ jia – jia

⑤ qiu – qiu   ⑥ xiang – xiang

(2) 녹음을 듣고 밑줄 친 부분에 성모를 써 보세요. 🎧 W-03-06

① _____iāo – _____iāo   ② _____iú – _____iú

③ _____iǎn – _____iǎn   ④ _____iàng – _____iàng

⑤ _____iù – _____iù   ⑥ _____íng – _____íng

(3) 녹음을 듣고 밑줄 친 부분에 해당하는 한어병음을 써 보세요. 🎧 W-03-07

① b_____ – b_____   ② t_____ – t_____

③ l_____ – l_____   ④ j_____ – j_____

⑤ q_____ – q_____   ⑥ x_____ – x_____

2 단어 빈칸을 알맞게 채워 넣어 보세요.

한자	병음	뜻
最近	zuìjìn	
	shēntǐ	몸, 신체
我		나, 저
可以		좋다, 괜찮다
	zěnmeyàng	어떠하다
吗		의문을 나타내는 조사
忙		바쁘다
好久不见	hǎo jiǔ bú jiàn	

04 您贵姓?

당신의 성은 무엇입니까?

✍ 예습하기

您
nín 당신

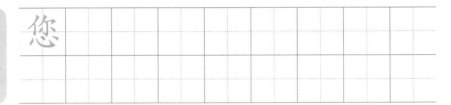

贵 貴
guì
귀중하다, 가치가 높다

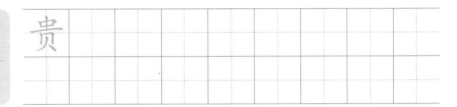

姓
xìng 성이 ~이다

叫
jiào ~라고 부르다

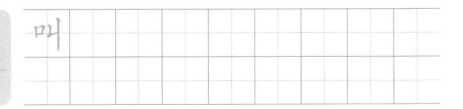

什么 甚麽
shénme 무엇

名字 míngzi 이름	名	字						

认识 認識 rènshi 알다	认	识						

高兴 高興 gāoxìng 기쁘다	高	兴						

是 shì ~이다	是							

谁 誰 shéi 누구	谁							

朋友 péngyou 친구	朋	友						

발음 다음은 성모와 운모의 결합입니다. 녹음을 따라 읽으며 써 보세요. W-04-01

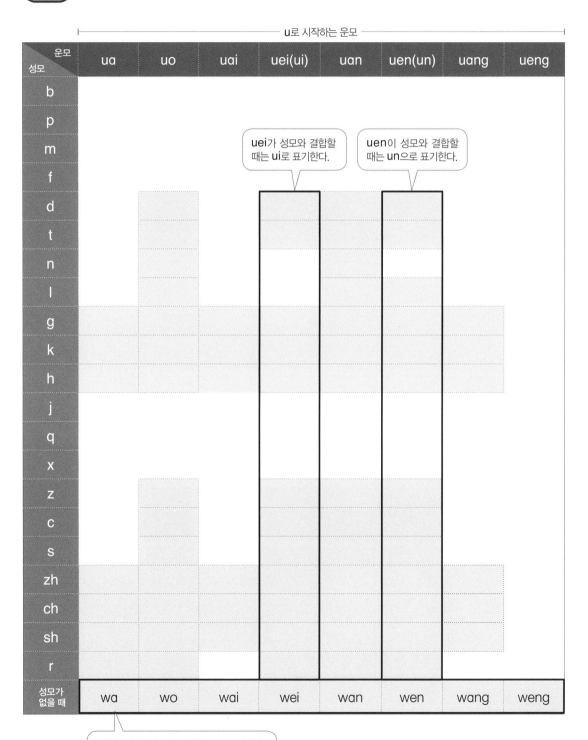

성모＼운모	ua	uo	uai	uei(ui)	uan	uen(un)	uang	ueng
b								
p								
m								
f								
d								
t								
n								
l								
g								
k								
h								
j								
q								
x								
z								
c								
s								
zh								
ch								
sh								
r								
성모가 없을 때	wa	wo	wai	wei	wan	wen	wang	weng

u로 시작하는 운모

uei가 성모와 결합할 때는 ui로 표기한다.

uen이 성모와 결합할 때는 un으로 표기한다.

u가 음절의 첫머리에 올 때는 w로 표기한다.

huā(花)　　　　wǒ(我)　　　　guǎi(拐)　　　　huì(会)

wǎnshang(晚上)　　wénzi(蚊子)　　　wǎngluò(网络)　　wēng(翁)

▶ 儿화 연습

niǎor(鸟儿)　　　xiǎojīr(小鸡儿)　　shìr(事儿)　　　kuàir(块儿)

kòngr(空儿)

(본문 받아쓰기) **녹음을 반복해서 들으며 성조를 표기해 보고, 문장을 따라 써 보세요.**

1 ⸺⸺⸺⸺⸺⸺⸺⸺⸺⸺⸺⸺⸺⸺⸺⸺ 🎧 W-04-02

Nin gui xing?

나현　您贵姓?　　　_____

Wo xing Lin.

린하이　我姓林。　　　_____

2 ⸺⸺⸺⸺⸺⸺⸺⸺⸺⸺⸺⸺⸺⸺⸺⸺ 🎧 W-04-03

Ni jiao shenme mingzi?

린하이　你叫什么名字?　　　_____

Wo jiao Piao Naxian.

나현　我叫朴娜贤。　　　_____

Renshi ni, hen gaoxing.

나현 认识你，很高兴。 _____

Wo ye hen gaoxing.

린하이 我也很高兴。 _____

Ta shi shei?

린하이 他是谁？ _____

Ta shi wo pengyou.

나현 他是我朋友。 _____

Ta xing shenme?

린하이 他姓什么？ _____

Ta xing Zhao.

나현 他姓赵。 _____

확인! 쪽지 시험 가볍게 실력을 체크해 보세요.

1 발음

(1) **녹음을 듣고 성조를 표기해 보세요.** 🎧 W-04-06

① duo – duo   ② tui – tui   ③ zuan – zuan

④ huang – huang   ⑤ shui – shui   ⑥ cuo – cuo

(2) **녹음을 듣고 밑줄 친 부분에 성모를 써 보세요.** 🎧 W-04-07

① _____uī – _____uī   ② _____ūn – _____ūn

③ _____uān – _____uān   ④ _____uò – _____uò

⑤ _____uà – _____uà   ⑥ _____uài – _____uài

(3) **녹음을 듣고 밑줄 친 부분에 해당하는 한어병음을 써 보세요.** 🎧 W-04-08

① c_____ – c_____   ② t_____ – t_____

③ z_____ – z_____   ④ sh_____ – sh_____

⑤ h_____ – h_____   ⑥ l_____ – l_____

(4) **녹음을 듣고 발음을 알맞게 연결해 보세요.** 🎧 W-04-09

① guì •   • péngyou

② shì •   • míngzi

③ wǒ •   • xìng

④ shénme •   • gāoxìng

⑤ hěn •   • shéi

2 **단어** 빈칸을 알맞게 채워 넣어 보세요.

한자	병음	뜻
姓		성이 ~이다
叫		~라고 부르다
	shénme	무엇
名字	míngzi	
	rènshi	알다
高兴		기쁘다
谁	shéi	
朋友	péngyou	

05 你是哪国人?

당신은 어느 나라 사람입니까?

예습하기

中国 中國
Zhōngguó 중국

中国

韩国 韓國
Hánguó 한국

韩国

做
zuò
하다, 일하다, 종사하다

做

中学 中學
zhōngxué 중등학교

中学

老师 老師
lǎoshī 선생님, 스승

老师

教	教								
jiāo 가르치다									

英语 英語	英	语						
Yīngyǔ 영어								

学生 學生	学	生						
xuésheng 학생								

念书 念書	念	书						
niàn shū 공부하다, 책을 읽다								

银行 銀行	银	行						
yínháng 은행								

我们 我們	我	们						
wǒmen 우리들								

 연습하기

본문 받아쓰기 녹음을 반복해서 들으며 성조를 표기해 보고, 문장을 따라 써 보세요.

1 .... 🎧 W-05-01

Ni shi na guo ren?

나현 你是哪国人？ ＿＿＿＿＿＿＿＿＿＿＿＿＿

Wo shi Zhongguo ren.

남학생 我是中国人。 ＿＿＿＿＿＿＿＿＿＿＿＿＿

Ni ye shi Zhongguo ren ma?

나현 你也是中国人吗？ ＿＿＿＿＿＿＿＿＿＿＿＿＿

Wo bu shi Zhongguo ren, wo shi Hanguo ren.

여학생 我不是中国人，　　　 我是韩国人。

＿＿＿＿＿＿＿＿＿＿＿＿＿＿＿＿＿＿＿＿＿＿＿＿＿＿＿

2 .... 🎧 W-05-02

Nin zuo shenme gongzuo?

나현 您做什么工作？ ＿＿＿＿＿＿＿＿＿＿＿＿＿

Wo shi zhongxue laoshi.

린하이 我是中学老师。 ＿＿＿＿＿＿＿＿＿＿＿＿＿

Nin jiao shenme?

나현 您教什么？ ＿＿＿＿＿＿＿＿＿＿＿＿＿

Wo jiao Yingyu.

린하이   我教英语。

3 ⋯⋯⋯⋯⋯⋯⋯⋯⋯⋯⋯⋯⋯⋯⋯⋯⋯⋯⋯⋯⋯⋯⋯⋯⋯⋯⋯⋯⋯ 🎧 W-05-03

Ni zai nar gongzuo?

자오량   你在哪儿工作？

Wo zai yinhang gongzuo. Nimen ne?

우림   我在银行工作。   你们呢？

Women shi xuesheng.

자오량   我们是学生。

Women zai Beijing Daxue nian shu.

我们在北京大学念书。

어법 압축 파일 **본문의 어법 내용을 간단히 정리해 보세요.**

1 是자문

동사 '是'는 한국어로 (□이다 / □하다)의 의미로, 부정 형식은 '是' 앞에 '不'를 추가하여,
「A不是B」의 형식으로 사용한다.

└ ① 나는 학생이다.   → 我是_____。

② 그는 중국인이 아니다. → 他_____中国人。

2 개사 在

'在'는 (□장소 / □대상)을/를 나타내는 단어와 함께 (□동사 / □형용사)의 앞에 쓰인다.

└ 그는 베이징대학에서 공부한다. → 他_____北京大学_____。

3 인칭대사

'们'은 사람을 가리키는 명사나 대명사의 뒤에 붙어서(□단수 / □복수)를 나타낸다.

└ 우리들 _____们   너희들 _____们

그들 _____们   그녀들 _____们   그것들 _____们

가볍게 실력을 체크해 보세요.

1 단어 **빈칸을 알맞게 채워 넣어 보세요.**

한자	병음	뜻
人		사람
	zuò	하다, 일하다, 종사하다
在	zài	
老师		선생님
中学	zhōngxué	
	niàn shū	공부하다, 책을 읽다
	yínháng	은행
学生		학생

2 듣기 **녹음을 듣고 보기에서 알맞은 대답을 골라 보세요.** 🎧 W-05-04

> ⓐ 我是中国人。　　　ⓑ 我叫朴娜贤。
> ⓒ 我教汉语。　　　　ⓓ 我在医院工作。

(1) _____　　(2) _____

(3) _____　　(4) _____

3 어법

(1) **주어진 문장을 부정문으로 바꿔 보세요.**

　　① 他是老师。　　　　　→ _____

　　② 我是中国人。　　　　→ _____

　　③ 你是学生吗?　　　　→ _____

　　④ 他们是中学老师。　　→ _____

(2) **다음은 틀린 문장입니다. 바르게 고쳐 보세요.**

① 爸爸工作在银行。 → _____

② 我念书在北京大学。 → _____

③ 他教英语在中学。 → _____

④ 你学汉语在哪儿? → _____

4 독해 **중국어 문장을 해석해 보세요.**

(1) 林海是中国人。她是中学老师。

→ _____

(2) 柳雨林是韩国人。他在银行工作。

→ _____

5 작문

(1) **주어진 단어를 사전에서 찾아 병음과 뜻을 적어 보세요.**

한자	병음	뜻
法国		
公司		
图书馆		

(2) **(1)의 단어를 이용하여 주어진 문장을 중국어로 옮겨 보세요.**

① 나는 프랑스인입니다. → _____

② 당신은 회사에서 일하십니까? → _____

③ 나는 도서관에서 공부합니다. → _____

06 你家有几口人?

당신은 가족이 몇 명입니까?

예습하기

个 個
gè 개, 명, 사람

爸爸
bàba 아빠

妈妈 媽媽
māma 엄마

哥哥
gēge 형, 오빠

弟弟
dìdi 남동생

兄弟 xiōngdì 형제	兄	弟						
姐妹 jiěmèi 자매	姐	妹						
儿子 兒子 érzi 아들	儿	子						
今年 jīnnián 금년, 올해	今	年						
几 幾 jǐ 몇	几							
岁 歲 suì 살, 세 [나이를 세는 단위]	岁							

본문 받아쓰기 녹음을 반복해서 들으며 성조를 표기해 보고, 문장을 따라 써 보세요.

1 ⋯⋯⋯⋯⋯⋯⋯⋯⋯⋯⋯⋯⋯⋯⋯⋯⋯⋯⋯⋯⋯⋯⋯⋯⋯⋯⋯⋯⋯⋯⋯ 🎧 W-06-01

Ni shi laoda ma?

나현 你是老大吗? _____

Bu shi, wo shi laoyao. Wo you yi ge gege he yi ge jiejie.

메리 不是，我是老幺。 我有一个哥哥和一个姐姐。

_____

Ni ne?

你呢? _____

Wo shi lao'er. Wo you yi ge gege he yi ge didi.

나현 我是老二。 我有一个哥哥和一个弟弟。

_____

2 ⋯⋯⋯⋯⋯⋯⋯⋯⋯⋯⋯⋯⋯⋯⋯⋯⋯⋯⋯⋯⋯⋯⋯⋯⋯⋯⋯⋯⋯⋯⋯ 🎧 W-06-02

Ni jia you ji kou ren?

우림 你家有几口人? _____

San kou ren.

자오량 三口人。 _____

Ni jia you shenme ren?

우림 你家有什么人？ _____

Baba、mama he wo. Wo meiyou xiongdi jiemei.

자오량 爸爸、妈妈和我。 我没有兄弟姐妹。

_____

3 ·· 🎧 W-06-03

Ni jinnian duo da?

린하이 你今年多大？ _____

Sanshi'er.

우림 三十二。 _____

Ni erzi jinnian ji sui?

린하이 你儿子今年几岁？ _____

Ta jinnian san sui.

우림 他今年三岁。 _____

본문의 어법 내용을 간단히 정리해 보세요.

1 양사

명사를 세는 단위를 양사(量词)라고 하며 _____와 _____ 사이에 온다.

① 세 권의 책 → 三_____书

② 두 명의 남동생 → 两_____弟弟

2 有자문

「A有B」는 'A는 B를 가지고 있다'라는 뜻으로, 부정은 _____이다.

① 나는 여동생이 있다. → 我_____妹妹。

② 나는 영어책이 없다. → 我_____英语书。

3 多+형용사

형용사 앞에 '多'를 붙이면 형용사의 _____를 묻는 의문문이 되며, (□얼마나 / □어째서)의 의미를 나타낸다.

① 당신은 올해 나이가 얼마나 되었습니까? → 你今年_____?

② 그는 키가 얼마나 큽니까? → 他个子_____?

③ 당신의 몸무게는 얼마입니까? → 你_____?

1 단어 빈칸을 알맞게 채워 넣어 보세요.

한자	병음	뜻
	gēge	형, 오빠
爸爸		아빠
妈妈	māma	
老大		첫째
	lǎoyāo	막내
姐姐		누나, 언니
	jīnnián	금년, 올해
岁	suì	

2 듣기 녹음을 듣고 보기에서 알맞은 대답을 골라 보세요. 🎧 W-06-04

> ⓐ 不是，我是老幺。　　ⓑ 爸爸、妈妈、一个弟弟和我。
> ⓒ 我家有四口人。　　　ⓓ 我今年二十八岁。

(1) _____   (2) _____

(3) _____   (4) _____

3 어법

(1) **다음은 틀린 문장입니다. 바르게 고쳐 보세요.**

① 我没有书三本。　→ _____

② 他有两本妹妹。　→ _____

③ 我不有弟弟。　　→ _____

④ 我手机没有。　　→ _____

(2) **질문에 부정문으로 답해 보세요.**

① 你有哥哥吗? → _____

② 你是老幺吗? → _____

③ 你有爷爷奶奶吗? → _____

④ 她是你姐姐吗? → _____

4 독해 **중국어 문장을 해석해 보세요.**

(1) 我有一个姐姐和一个弟弟，我是老二。

→ _____

(2) 我爸爸今年五十岁，他在大学教汉语。

→ _____

5 작문

(1) **주어진 단어를 사전에서 찾아 병음과 뜻을 적어 보세요.**

한자	병음	뜻
电脑		
奶奶		
姥姥		

(2) **(1)의 단어를 이용하여 주어진 문장을 중국어로 옮겨 보세요.**

① 나는 컴퓨터가 없다. → _____

② 우리 할머니는 올해 85세시다. → _____

③ 그분은 우리 친할머니가 아니라 외할머니시다.

→ _____

07 现在几点?

지금 몇 시입니까?

✍️ 예습하기

现在 现在
xiànzài 지금, 현재

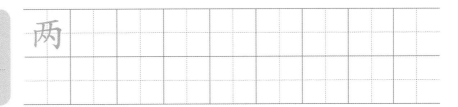

两 兩
liǎng 2, 둘

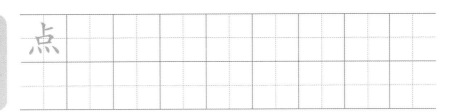

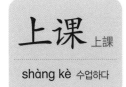

点 點
diǎn 시(時)

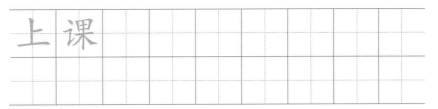

上课 上課
shàng kè 수업하다

号 號
hào 일, 날짜

星期								
xīngqī 주, 요일								

星期

吧								

吧

ba
~하자, ~해라, ~일 것이다

那么								

那么 那麽

nàme 그러면, 그렇다면

那 么

后天								

后天 後天

hòutiān 모레

后 天

对								

对 對

duì 맞다, 옳다

对

来								

来 來

lái 오다

来

 **연습하기**

(본문 받아쓰기) 녹음을 반복해서 들으며 성조를 표기해 보고, 문장을 따라 써 보세요.

1 ⋯⋯⋯⋯⋯⋯⋯⋯⋯⋯⋯⋯⋯⋯⋯⋯⋯⋯⋯⋯⋯⋯⋯⋯ 🎧 W-07-01

Xianzai ji dian?

자오량 现在几点? _____

Xianzai liang dian ban.

나현 现在两点半。 _____

Ni ji dian shang ke?

자오량 你几点上课? _____

San dian.

나현 三点。 _____

2 ⋯⋯⋯⋯⋯⋯⋯⋯⋯⋯⋯⋯⋯⋯⋯⋯⋯⋯⋯⋯⋯⋯⋯⋯ 🎧 W-07-02

Jintian ji yue ji hao?

자오량 今天几月几号? _____

Wu yue san hao.

우림 五月三号。 _____

Jintian xingqi ji?

자오량 今天星期几? _____

우림
Xingqiwu.
星期五。

_____

자오량
Xia ge xingqiliu shi shi'er hao ba?
下个星期六是十二号吧?

_____

우림
Xia ge xingqiliu bu shi shi'er hao, shi shiyi hao.
下个星期六不是十二号，　　　是十一号。

_____

3 .... 🎧 W-07-03

린하이
Ni de shengri shi ji yue ji hao?
你的生日是几月几号?

_____

우림
San yue si hao. Ni ne?
三月四号。　你呢?

_____

린하이
Wu yue liu hao.
五月六号。

우림
Name houtian shi ni de shengri, dui ba?
那么后天是你的生日，　　　对吧?

_____

린하이
Dui. Houtian lai wo jia ba.
对。后天来我家吧。

_____

Hao.

우림 　好。

복습하기

(어법 압축 파일) **본문의 어법 내용을 간단히 정리해 보세요.**

1 시각의 표현

중국어로 시간을 표현할 때는 点 diǎn_____, 分 fēn_____, 刻 kè_____,
半 bàn_____, 差 chà_____을 주로 사용한다.

① 4:05 → 四点_____分 　　② 4:15 → 四点_____

③ 4:30 → 四点_____ 　　④ 4:55 → _____五分五点

2 명사술어문

명사성 어구가 시간, 날짜, 요일 등을 나타내는 경우는 _____자 없이 직접 술어로 쓰
일 수 있다. 그러나 술어를 부정할 때는 반드시 _____를 써야 한다.

① 지금은 2시이다. 　　　　→ 现在_____。

② 오늘은 일요일이 아니다. 　→ 今天_____。

3 조사 吧

(1) '吧'는 어기조사로 문장 끝에 쓰여 _____을 나타내는 의문문으로 사용할 수 있다.

① 그는 누나가 있겠지? 　　→ 他有_____？

② 너는 중국인이지? 　　　→ 你是_____？

(2) 명령이나 제안을 할 때 '吧'를 부가하면 표현이 (□부드러워진다 / □강해진다).

내일 우리 집에 오렴. 　　→ 明天_____。

가볍게 실력을 체크해 보세요.

1 단어 빈칸을 알맞게 채워 넣어 보세요.

한자	병음	뜻
后天		모레
那么	nàme	
生日		생일
	xīngqī	주, 요일
对	duì	
	xiànzài	지금, 현재
上课		수업하다
	hào	일, 날짜

2 듣기 녹음을 듣고 보기에서 알맞은 대답을 골라 보세요. 🎧 W-07-04

ⓐ 对，后天来我家吧。 ⓑ 下个星期五不是十二号，是十三号。
ⓒ 今天四月二十二号。 ⓓ 现在两点半。

(1) _____ (2) _____

(3) _____ (4) _____

3 어법

(1) **주어진 문장을 부정문으로 바꿔 보세요.**

① 现在三点。 → _____

② 今天星期天。 → _____

③ 今天五月七号。 → _____

④ 我的生日是三月十二号。 → _____

(2) **다음은 틀린 문장입니다. 바르게 고쳐 보세요.**

① 今天几号吗?　　　　　　→ _____

② 你是中国人吧吗?　　　　→ _____

③ 我有二个弟弟。　　　　　→ _____

④ 现在二点二十二分。　　　→ _____

4 　독해　중국어 문장을 해석해 보세요.

(1) 我爸爸最近很忙。星期天也去公司。

→ _____

(2) 今天五月十二号，是我的生日。

→ _____

5 　작문

(1) **주어진 단어를 사전에서 찾아 병음과 뜻을 적어 보세요.**

한자	병음	뜻
中秋节		
孙子		
起床		

(2) **(1)의 단어를 이용하여 주어진 문장을 중국어로 옮겨 보세요.**

① 추석은 몇 월 며칠이니?　　　　　　→ _____

② 다음 주 토요일은 손자의 생일입니다. → _____

③ 일요일에 너는 몇 시에 일어나니?　　→ _____

09 多少钱?

얼마입니까?

예습하기

这 這 zhè 이, 이것	这

衣服 yīfu 옷, 의복	衣 服

钱 錢 qián 돈	钱

颜色 颜色 yánsè 색	颜 色

贵 貴 guì (값이) 비싸다	贵

便宜	便	宜							
piányi (값이) 싸다									

(一)点儿 一點兒	一	点	儿						
(yì)diǎnr 조금, 약간									

怎么 怎麼	怎	么							
zěnme 어떻게, 어째서									

买 買	买								
mǎi 사다									

卖 賣	卖								
mài 팔다									

橘子	橘	子							
júzi 귤									

본문 받아쓰기) 녹음을 반복해서 들으며 성조를 표기해 보고, 문장을 따라 써 보세요.

1 ·· 🎧 W-09-01

Nin hao! Nin yao mai shenme?

판매원　您好！　您要买什么？

Zhe jian yifu duoshao qian?

나현　这件衣服多少钱？

Yibaiwu.

판매원　一百五。

You meiyou biede yanse de?

나현　有没有别的颜色的？

Na jian huangse de zenmeyang?

판매원　那件黄色的怎么样？

Hen haokan. Wo keyi shi yixia ma?

나현　很好看。　我可以试一下吗？

Keyi.

판매원　可以。

Zhe ge duoshao qian?

우림 这个多少钱?

_____

Sanbai'er.

판매원 三百二。

_____

Zheme gui! Neng bu neng pianyi dianr?

우림 这么贵! 能不能便宜点儿?

_____

Na jiu sanbai ba.

판매원 那就三百吧。

_____

Lizhi zenme mai?

나현 荔枝怎么卖?

_____

Shisan kuai qian yi jin.

판매원 十三块钱一斤。

_____

Juzi ne?

나현 橘子呢?

_____

Yi jin si kuai wu.

판매원 一斤四块五。

_____

Wo yao yi jin lizhi he san jin juzi.

나현   我要一斤荔枝和三斤橘子。

_____

Yigong duoshao qian?

一共多少钱?   _____

Ershiliu kuai wu.

판매원   二十六块五。   _____

복습하기

(어법 압축 파일) **본문의 어법 내용을 간단히 정리해 보세요.**

1   런민삐 읽는 방법

중국 화폐 런민삐(人民币)의 단위는 다음과 같다.

块/元	毛/角	分	
23.	4	0	→ _____

2   정반(正反)의문문

동사나 형용사의 _____ 형식과 _____ 형식을 병렬한 의문문을 말한다.

① 당신은 중국인입니까?   → 你_____中国人?

② 그는 옵니까?   → 他_____?

3 조동사

_____의 앞에 쓰여 바람, 의지, 희망, 당위 등을 나타낸다.

(1) 要: '~하려 하다', '~하겠다'라는 의미로 주관적인 의지를 나타낸다. 부정형은 _____를 쓴다.

(2) 可以: '~해도 된다'라는 의미로 허가, 허락을 나타낸다. 부정형은 _____를 쓴다.

(3) 能: '~할 수 있다'라는 의미로 능력, 가능성을 나타낸다. 부정형은 _____를 쓴다.

① 내일 당신 집에 가도 됩니까? → 明天我_____去你家吗?

② 내일 저는 일이 있어서 올 수 없습니다. → 明天我有事,_____来。

③ 나는 중국어책을 한 권 사려고 합니다. → 我_____买一本汉语书。

확인! 쪽지 시험) 가볍게 실력을 체크해 보세요.

1 **단어** 빈칸을 알맞게 채워 넣어 보세요.

한자	병음	뜻
别的	biéde	
颜色		색
	guì	비싸다
便宜		싸다
	mǎi	사다
橘子	júzi	
	zěnme	어떻게
卖		팔다

2 듣기 녹음을 듣고 보기에서 알맞은 대답을 골라 보세요. ∩ W-09-04

ⓐ 三百五。　　　　ⓑ 这儿没有别的颜色的。

ⓒ 四块五一斤。　　ⓓ 那就便宜点儿吧。
---

(1) _____　　(2) _____

(3) _____　　(4) _____

3 어법

(1) **吗의문문을 정반의문문으로 바꿔 보세요.**

① 他是你弟弟吗?　　　　→ _____

② 你忙吗?　　　　　　　→ _____

③ 你有妹妹吗?　　　　　→ _____

④ 你买这件衣服吗?　　　→ _____

(2) **주어진 단어를 알맞게 배열하여 문장을 완성해 보세요.**

① 这件，试一下，衣服，可以　　→ 我_____吗?

② 买，这么贵的，衣服，能　　　→ 你_____吗?

③ 什么，买，要　　　　　　　　→ 您_____?

④ 买，要，一斤，橘子　　　　　→ 我_____。

4 독해 중국어 문장을 해석해 보세요.

(1) 这件衣服颜色很好看，我想买，能不能便宜点儿?

→ _____

(2) 我不想喝咖啡。有没有别的?

→ _____

5 작문

(1) 주어진 단어를 사전에서 찾아 병음과 뜻을 적어 보세요.

한자	병음	뜻
黑色		
酒		
不错		

(2) (1)의 단어를 이용하여 주어진 문장을 중국어로 옮겨 보세요.

① 나는 검은색 옷을 사려고 한다. → _____

② 나는 술 마시기 싫다. → _____

③ 색깔이 괜찮네요. → _____

10 你想吃什么?

당신은 무엇을 먹고 싶습니까?

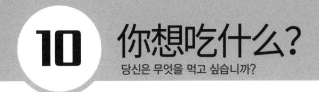

예습하기

过 過
guo ~한 적이 있다

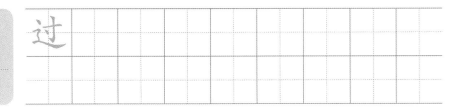

菜
cài 요리

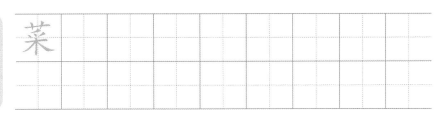

喜欢 喜歡
xǐhuan 좋아하다

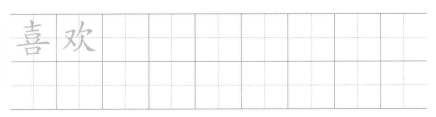

会 會
huì ~(을) 할 줄 안다

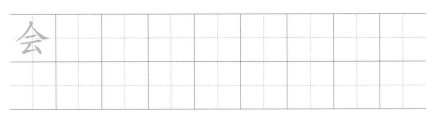

懂
dǒng 알다, 이해하다

服务员	服	务	员						
服務員									
fúwùyuán 종업원									

汤 湯	汤								
tāng 탕									

碗	碗								
wǎn 그릇									

从来 從來	从	来							
cónglái 지금까지, 여태껏									

饱 飽	饱								
bǎo 배부르다									

喝	喝								
hē 마시다									

본문 받아쓰기) 녹음을 반복해서 들으며 성조를 표기해 보고, 문장을 따라 써 보세요.

1 ⸱⸱ 🎧 W-10-01

Ni chi guo Zhongguo cai ma?

자오량　你吃过中国菜吗？

Chi guo. Wo hen xihuan chi Zhongguo cai.

우림　吃过。　我很喜欢吃中国菜。

Ni hui zuo Zhongguo cai ma?

자오량　你会做中国菜吗？

Bu hui.

우림　不会。

Zhoumo yiqi qu chi Zhongguo cai, hao ma?

자오량　周末一起去吃中国菜，　　好吗？

Hao.

우림　好。

Ni xiang chi shenme?

린하이 你想吃什么?

Wo bu dong Zhongguo cai, ni dian ba!

나현 我不懂中国菜,   你点吧!

Fuwuyuan! Lai yi ge tangcu niurou, yi ge yuxiang qiezi,

린하이 服务员! 来一个糖醋牛肉,   一个鱼香茄子,

yi ge gongbao jiding.

一个宫保鸡丁。

Yao tang ma?

판매원 要汤吗?

Lai yi wan suanlatang.

린하이 来一碗酸辣汤。

Hai yao biede ma?

판매원 还要别的吗?

Bu yao le, xiexie.

린하이 不要了,谢谢。

Zhe dao Sichuan cai, wo conglai mei chi guo.

나현　这道四川菜，　　我从来没吃过。

———————————————————————

Zenmeyang? Haochi ma?

린하이　怎么样？　好吃吗？

Hen haochi.

나현　很好吃。

Zai chi yidianr ba.

린하이　再吃一点儿吧。

Tai bao le.

나현　太饱了。

Na he yidianr cha.

린하이　那喝一点儿茶。

Hao.

나현　好。

어법 압축 파일 본문의 어법 내용을 간단히 정리해 보세요.

1 시태조사 过

시태조사 '过'는 동사의 뒤에 붙어서 _____을 나타낸다. 부정을 할 때는 동사 앞에
_____를 쓴다.

└ ① 나는 중국 음식을 먹어 본 적이 있다.　→ 我_____中国菜。

② 나는 중국어를 배운 적이 없다.　→ 我_____汉语。

2 조동사 会，想

배워서 할 수 있는 능력을 나타낼 때는 조동사 _____을/를 쓰고, 어떤 일을 하고 싶은
기대를 나타낼 때는 _____을/를 쓴다.

└ ① 나는 중국요리를 할 줄 안다.　→ 我_____中国菜。

② 나는 미국에 가고 싶다.　→ 我_____美国。

3 연동문

둘 이상의 동사나 동사구를 나열하여 (□동시에 / □순서에 따라) 동작이 발생함을 나타내
는 문장을 연동문이라고 한다.

└ 우리 함께 중국 음식 먹으러 가자.　→ 我们一起_____中国菜吧。

1 단어 빈칸을 알맞게 채워 넣어 보세요.

한자	병음	뜻
菜	cài	
	yìqǐ	같이, 함께
懂		알다, 이해하다
	fúwùyuán	종업원
汤		탕
饱		배부르다
	zhōumò	주말
从来	cónglái	

2 듣기 녹음을 듣고 보기에서 알맞은 대답을 골라 보세요. 🎧 W-10-04

> ⓐ 我想吃宫保鸡丁。　　ⓑ 我太饱了。
> ⓒ 我不会做韩国菜。　　ⓓ 我从来没吃过四川菜。

(1) _____　　(2) _____

(3) _____　　(4) _____

3 어법

(1) 주어진 문장을 부정문으로 바꿔 보세요.

　① 我去过北京。　　　→ _____

　② 我喝过中国茶。　　→ _____

　③ 他会说汉语。　　　→ _____

　④ 你想来韩国吗?　　→ _____

(2) **다음은 틀린 문장입니다. 바르게 고쳐 보세요.**

① 他学汉语去中国。　　　→ _____

② 你吃饭来我家吧！　　　→ _____

③ 你去哪儿想？　　　　　→ _____

④ 我做中国菜不会。　　　→ _____

4 【독해】 **중국어 문장을 해석해 보세요.**

(1) 我很喜欢吃中国菜。我会点中国菜，也会做中国菜。

→ _____

(2) 我从来没吃过中国菜。今天吃的四川菜很好吃！下个星期我想再去吃中国菜。

→ _____

5 【작문】

(1) **주어진 단어를 사전에서 찾아 병음과 뜻을 적어 보세요.**

한자	병음	뜻
炸酱面		
汽水		
意大利		

(2) **(1)의 단어를 이용하여 주어진 문장을 중국어로 옮겨 보세요.**

① 너는 짜장면을 만들 줄 아니?　　→ _____

② 사이다를 좀 더 마셔라.　　　　　→ _____

③ 여태껏 이탈리아 음식을 먹어 본 적이 없다.

→ _____

11 张明在吗?

장밍 있습니까?

예습하기

喂	喂							
wéi, wèi 여보세요								

一直	一	直						
yìzhí 계속해서, 줄곧								

关机 關機	关	机						
guānjī 전원을 끄다								

可能	可	能						
kěnéng 아마도								

晚上	晚	上						
wǎnshang 저녁, 밤								

给 給
gěi ~에게

给

电话 電話
diànhuà 전화

电 话

转告 轉告
zhuǎngào
전언하다, 전달하다

转 告

这儿 這兒
zhèr 여기, 이곳

这 儿

当然 當然
dāngrán 당연히, 물론

当 然

以后 以後
yǐhòu 이후, 금후

以 后

본문 받아쓰기) 녹음을 반복해서 들으며 성조를 표기해 보고, 문장을 따라 써 보세요.

1 ⋯⋯⋯⋯⋯⋯⋯⋯⋯⋯⋯⋯⋯⋯⋯⋯⋯⋯⋯⋯⋯⋯⋯⋯⋯⋯ 🎧 W-11-01

Wei, Zhang Ming zai ma?

자오량 喂，张明在吗？

Ta bu zai. Nin da ta de shouji ba!

장밍 엄마 他不在。您打他的手机吧！

Da le, ke ta de shouji yizhi guanji.

자오량 打了，可他的手机一直关机。

Shi ma? Ta keneng wanshang huilai.

장밍 엄마 是吗？ 他可能晚上回来。

Nin shi na yi wei?

您是哪一位？

Wo jiao Zhao Liang. Na ta huilai yihou,

자오량 我叫赵亮。 那他回来以后，

qing ta yiding gei wo hui ge dianhua, hao ma?

请他一定给我回个电话，好吗？

_____

Hao. Wo yiding zhuangao ta.

장밍 엄마 好。我一定转告他。

_____

Wei, Jin xiansheng zai ma?

우림 喂，金先生在吗？

_____

Zher meiyou xing Jin de.

여자 这儿没有姓金的。

_____

Nin nar bu shi wu liu san er qi yao ba jiu ma?

우림 您那儿不是56327189吗？

_____

Bu. Zher shi wu liu san er yao qi ba jiu.

여자 不。这儿是56321789。

_____

Duibuqi.

우림 对不起。

_____

Wei?

제룬 喂?

_____

Wei, Jielun, ni hao!

나현 喂，杰伦，你好!

_____

Naxian, you shenme shi ma?

제룬 娜贤，有什么事吗?

_____

Houtian ni mang bu mang?

나현 后天你忙不忙?

_____

Bu tai mang, zenme le?

제룬 不太忙， 怎么了?

_____

Wo de yi ge pengyou houtian qu Shanghai,

나현 我的一个朋友后天去上海，

_____

ni neng jian ta ma?

你能见她吗?

_____

Dangran! Dao Shanghai yihou jiao ta gei wo da dianhua.

제룬 当然! 到上海以后叫她给我打电话。

_____

Hao, xiexie!

나현 好，谢谢!

_____

어법 압축 파일 본문의 어법 내용을 간단히 정리해 보세요.

1 겸어문

앞에 나오는 동사의 _____가 뒤에 나오는 동사의 _____ 역할을 겸하는 문장을 겸어문이라고 한다. 겸어문은 주로 사역의 의미를 갖는 동사로 구성된다. 대표적인 사역 동사로 _____ 등을 들 수 있다.

① 그에게 전화하라고 해 주세요! (叫) → _____给我回个电话！

② 나는 그 사람을 우리 집에 초대하고 싶다. (请) → 我想_____来我家。

2 개사 给

「给+인칭대사+동사」의 형식에서 '给'는 (☐동사 / ☐개사)로 쓰여 '~에게 ~을 (해) 주다'라는 의미를 나타낸다.

① 내일 나에게 전화 한 통 해 줘! → 明天你_____打电话吧！

② 나는 그에게 책 한 권을 사 주고 싶다. → 我想_____买一本书。

확인! 쪽지 시험 가볍게 실력을 체크해 보세요.

1 단어 빈칸을 알맞게 채워 넣어 보세요.

한자	병음	뜻
请	qǐng	
晚上		저녁, 밤
	huílái	돌아오다
电话		전화
一定	yídìng	
	zhuǎngào	전언하다, 전달하다
以后		이후, 금후
	dāngrán	당연히

2 듣기 녹음을 듣고 보기에서 알맞은 대답을 골라 보세요. 🎧 W-11-04

> ⓐ 这儿没有姓张的。　　ⓑ 当然。到北京以后叫她给我打电话。
> ⓒ 他不在，您打他的手机吧。　　ⓓ 好。我一定转告他。

(1) _____　(2) _____

(3) _____　(4) _____

3 어법

(1) **빈칸에 들어갈 알맞은 단어에 ◯표해 보세요.**

　　① 晚上我_____你打电话吧。　　（ 到 / 给 / 在 ）

　　② 有_____事吗?　　（ 什么 / 哪 / 怎么 ）

　　③ 我_____你吃饭。　　（ 要 / 想 / 请 ）

　　④ 老师_____你来学校。　　（ 叫 / 能 / 可以 ）

(2) **다음은 틀린 문장입니다. 바르게 고쳐 보세요.**

　　① 您是什么一位?　　→ _____

　　② 一定我转告他。　　→ _____

　　③ 这儿没有金姓的。　　→ _____

　　④ 请他回个电话给我。　　→ _____

4 독해 중국어 문장을 해석해 보세요.

(1) 明天是我的生日。我想请朋友们吃饭。

　　→ _____

(2) 今天我给林海打电话。我请她明天来我家。

　　→ _____

5 작문

(1) 주어진 단어를 사전에서 찾아 병음과 뜻을 적어 보세요.

한자	병음	뜻
班		
回家		
饭店		
号码		

(2) (1)의 단어를 이용하여 주어진 문장을 중국어로 옮겨 보세요.

① 우리 반에는 왕(王)씨 성을 가진 사람이 없다.

→ _____

② 어머니가 남동생에게 집에 오라고 하신다.

→ _____

③ 베이징 호텔의 전화번호는 34612480이다.

→ _____

12 问路

길 묻기

예습하기

请问 請問
qǐngwèn
말씀 좀 묻겠습니다

请 问

附近
fùjìn 부근

附 近

办公楼 辦公樓
bàngōnglóu 사무실 건물

办 公 楼

后边 後邊
hòubian 뒤, 뒤쪽

后 边

劳驾 勞駕
láojià
죄송합니다, 미안합니다

劳 驾

图书馆
圖書館
túshūguǎn 도서관

图 书 馆

车 車
chē 차

车

马路 馬路
mǎlù 대로, 큰길, 한길

马 路

公园
gōngyuán 공원

公 园

长 長
cháng 길다

长

分钟 分鐘
fēn zhōng
분 [시간의 양을 나타냄]

分 钟

본문 받아쓰기) 녹음을 반복해서 들으며 성조를 표기해 보고, 문장을 따라 써 보세요.

1 .... 🎧 W-12-01

Qingwen, qu Beijing Zhan zenme zou?

나현 请问,　去北京站怎么走?

_____

Yizhi zou, dao shizi lukou wang you guai.

행인 一直走,到十字路口往右拐。

_____

2 .... 🎧 W-12-02

Qingwen, zher fujin you yinhang ma?

우림 请问,　这儿附近有银行吗?

_____

You. Jiu zai bangonglou houbian.

행인 有。就在办公楼后边。

Na ge shi bangonglou?

우림 哪个是办公楼?

Ni kan! Na ge jiu shi.

행인 你看!　那个就是。

나현   Laojia, qu Beijing Tushuguan zuo ji lu che?

劳驾，去北京图书馆坐几路车？

_____

행인   Guo malu, zuo yao san ba lu.

过马路，坐138路。　_____

나현   Yao zuo ji zhan?

要坐几站？　_____

행인   Zuo liang zhan jiu dao.

坐两站就到。　_____

우림   Laojia, qu Tiantan Gongyuan zai nar xia che?

劳驾，去天坛公园在哪儿下车？

_____

승객   Zai Tiantan Beimen Zhan xia che.

在天坛北门站下车。　_____

우림   Hai yao duo chang shijian?

还要多长时间？　_____

승객   Shi fen zhong zuoyou.

十分钟左右。　_____

복습하기

(어법 압축 파일) **본문의 어법 내용을 간단히 정리해 보세요.**

1 방위사(方位词)

_____을/를 나타내는 명사를 방위사라고 한다.

  ① 우리 집 앞에 공원이 하나 있다.   → 我家_____有一个公园。

  ② 은행은 학교 뒤에 있다.   → 银行在学校_____。

2 존재문(有, 在, 是)

어떤 장소에 무엇인가가 존재함을 나타내는 동사에는 '有', '在', '是' 세 가지가 있다. 특정한 장소에 어떤 사람이나 사물이 존재하는지를 나타낼 때는 동사 _____를 쓰고, 특정한 사람이나 사물이 어떤 장소에 존재하는지를 나타낼 때는 동사 _____를 쓴다. 또 특정한 장소에 무엇인가가 존재하는 것은 상대방이 알고 있는데, 그것이 바로 무엇인지를 확인시켜 줄 때는 동사 _____를 쓴다.

  ① 他家_____邮局右边。

  ② 桌子上_____一本书。

  ③ A 你后边是谁?

     B 我后边_____张明。

가볍게 실력을 체크해 보세요.

1 단어 빈칸을 알맞게 채워 넣어 보세요.

한자	병음	뜻
左右	zuǒyòu	
	mǎlù	큰길
附近		근처
	shízì lùkǒu	십자로, 사거리
图书馆	túshūguǎn	
	guǎi	방향을 바꾸다
过	guò	
坐		타다

2 듣기 녹음을 듣고 보기에서 알맞은 대답을 골라 보세요. 🎧 W-12-05

> ⓐ 有。邮局在办公楼后边。　ⓑ 一直走，到十字路口往左拐。
> ⓒ 在天坛北门站下车。　ⓓ 过马路，坐273路。

(1) _____ (2) _____

(3) _____ (4) _____

3 어법

(1) **다음은 틀린 문장입니다. 바르게 고쳐 보세요.**

① 办公楼有图书馆后边。　　→ _____

② 床上在一本书。　　→ _____

③ 走一直，到十字路口往右拐。　　→ _____

④ 两站坐就到。　　→ _____

(2) **밑줄 친 부분에 알맞은 의문사를 넣어 보세요.**

① 去天坛公园在_____下车?

② 到北京站还要_____时间?

③ 请问，去北京站_____走?

④ 去上海图书馆坐_____路车?

4 독해 **중국어 문장을 해석해 보세요.**

(1) 我家前边有一个公园。我学校就在这个公园右边。

→ _____

(2) 今天我去朋友家。他家附近有一个图书馆，我们要在那儿一起念书。

→ _____

5 작문

(1) **주어진 단어를 사전에서 찾아 병음과 뜻을 적어 보세요.**

한자	병음	뜻
出租车		
骑		
自行车		
换车		

(2) **(1)의 단어를 이용하여 주어진 문장을 중국어로 옮겨 보세요.**

① 택시를 타면 시간이 얼마나 걸립니까?

→ _____

② 나는 자전거를 타고 공원에 갑니다.

→ _____

③ 베이징 대학교에 가려면 어디에서 차를 갈아탑니까?

→ _____

13 天气怎么样?

날씨가 어떻습니까?

예습하기

天气 天氣
tiānqì 날씨

天气

预报 預報
yùbào 예보

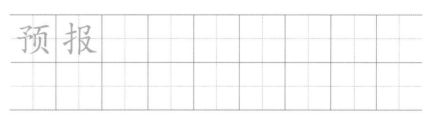
预报

听说 聽說
tīngshuō ～라고 들었다

听说

热 熱
rè 덥다, 뜨겁다

热

气温 氣溫
qìwēn 기온

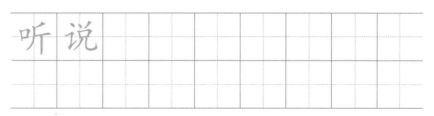
气温

大概
dàgài 대략, 대강

大 概

零下
língxià 영하

零 下

雨伞 雨傘
yǔsǎn 우산

雨 伞

办 辦
bàn
(일 따위를) 하다, 처리하다

办

担心 擔心
dānxīn
염려하다, 걱정하다

担 心

季节 季節
jìjié 계절

季 节

본문 받아쓰기 녹음을 반복해서 들으며 성조를 표기해 보고, 문장을 따라 써 보세요.

1 ·· 🎧 W-13-01

Jintian tianqi zenmeyang?

나현 今天天气怎么样? _____

Ting tianqi yubao shuo, jintian qingtian.

자오량 听天气预报说，　　　今天晴天。

_____

Waibian re ma?

나현 外边热吗? _____

Jintian bi zuotian hai re.

자오량 今天比昨天还热。 _____

2 ·· 🎧 W-13-02

Jintian zhen leng a!

우림 今天真冷啊! _____

Hanguo de dongtian ye zheme leng ma?

린하이 韩国的冬天也这么冷吗?

_____

Ye hen leng. Jintian de zui di qiwen shi duoshao du?

우림 也很冷。　今天的最低气温是多少度？

_____

Dagai lingxia shi du.

린하이 大概零下十度。

_____

·· 🎧 W-13-03

Tingshuo xiawu you yu.

우림 听说下午有雨。

_____

Wo mei dai yusan, zenme ban?

나현 我没带雨伞，　怎么办？

_____

Buyong danxin, wo song ni hui jia.

우림 不用担心，　我送你回家。

_____

4

·· 🎧 W-13-04

Ni zui xihuan na ge jijie?

우림 你最喜欢哪个季节？

Wo zui xihuan dongtian.

자오량 我最喜欢冬天。 _____

Wo pa leng. Wo zui xihuan chuntian.

우림 我怕冷。　　我最喜欢春天。

_____

복습하기 ●●

(어법 압축 파일) **본문의 어법 내용을 간단히 정리해 보세요.**

1 比 비교문

「A_____B+형용사」 형식으로 쓰여 'A는 B보다 ~하다'라는 의미를 나타낸다. 형용사 앞에는 정도를 나타내는 부사 (□很 / □还 / □太)이/가 올 수 있다.

⌐ 오늘이 어제보다 더 덥다. → 今天_____昨天_____热。

2 감탄문

정도나 의문을 나타내는 (□부사 / □동사)와 조사 _____가 호응해서 감탄의 의미를 나타낸다.

⌐ ① 이 옷은 정말 예쁘구나! → 这件衣服_____漂亮_____!

② 오늘 날씨가 얼마나 좋은지! → 今天的天气_____好_____!

3 不用

'不用'은 동사의 (□앞 / □뒤)에 쓰여 '~할 필요가 없다'라는 뜻을 나타낸다.

⌐ 우리는 그곳에 갈 필요가 없다. → 我们_____那儿。

1 단어 빈칸을 알맞게 채워 넣어 보세요.

한자	병음	뜻
	tiānqì	날씨
晴天		맑은 하늘, 맑게 갠 하늘
热	rè	
	lěng	춥다
大概		대략
	dānxīn	걱정하다, 염려하다
预报		예보
	língxià	영하

2 듣기 녹음을 듣고 보기에서 알맞은 대답을 골라 보세요. 🎧 W-13-05

ⓐ 听天气预报说，下午有雨。　　ⓑ 大概零下十三度。

ⓒ 我最喜欢春天。　　ⓓ 不用担心，我送你回家。
---

(1) _____　　(2) _____

(3) _____　　(4) _____

3 어법

(1) **괄호 안의 부사를 사용해서 감탄문으로 바꿔 보세요.**

① 你很客气。(太)　　→ _____

② 天气很好。(多)　　→ _____

③ 你个子非常高。(真)　　→ _____

(2) **다음은 틀린 문장입니다. 바르게 고쳐 보세요.**

① 今天比昨天很热。 → _____

② 你打不用电话。 → _____

③ 韩国的冬天很也冷。 → _____

④ 听说明天有下雨。 → _____

4 독해 **중국어 문장을 해석해 보세요.**

(1) 秋天不冷也不热，我最喜欢秋天。

→ _____

(2) 听天气预报说，今天没有雨。你不用带雨伞。

→ _____

5 작문

(1) **주어진 단어를 사전에서 찾아 병음과 뜻을 적어 보세요.**

한자	병음	뜻
下雪		
快		
帅		

(2) **(1)의 단어를 이용하여 주어진 문장을 중국어로 옮겨 보세요.**

① 베이징의 겨울도 눈이 옵니까? → _____

② 내가 너보다 더 빨라. → _____

③ 그는 정말 멋져! → _____

14 旅行
여행

👆 예습하기

旅行	旅	行					
lǚxíng 여행(하다)							

火车 火車	火	车					
huǒchē 기차							

还是 還是	还	是					
háishi 아니면							

飞机 飛機	飞	机					
fēijī 비행기							

高铁 高鐵	高	铁					
gāotiě 고속 철도							

从 從	从							
cóng ~부터								

小时 小時	小	时						
xiǎoshí 시간								

兵马俑 兵馬俑 Bīngmǎyǒng 병마용 [유적명]	兵	马	俑					

美丽 美麗 měilì 아름답다	美	丽						

岛 島 dǎo 섬	岛							

风景 風景 fēngjǐng 풍경, 경치	风	景						

본문 받아쓰기 녹음을 반복해서 들으며 성조를 표기해 보고, 문장을 따라 써 보세요.

1 ⋯⋯⋯⋯⋯⋯⋯⋯⋯⋯⋯⋯⋯⋯⋯⋯⋯⋯⋯⋯⋯⋯⋯⋯⋯⋯⋯⋯ 🎧 W-14-01

Zhe ge shujia ni dasuan zuo shenme?

우림 这个暑假你打算做什么？

_____

Wo dasuan qu Xi'an lüxing.

나현 我打算去西安旅行。

_____

Zuo huoche qu haishi zuo feiji qu?

우림 坐火车去还是坐飞机去？

_____

Zuo huoche qu.

나현 坐火车去。 _____

Li zher duo yuan?

우림 离这儿多远？ _____

Cong zher dao Xi'an zuo gaotie dei wu ge duo xiaoshi.

나현 从这儿到西安坐高铁得五个多小时。

_____

Name yuan!

우림　那么远!

Keshi zhide qu kan. Ni tingshuo guo Bingmayong ba?

나현　可是值得去看。　你听说过兵马俑吧?

Bingmayong jiu zai Xi'an.

兵马俑就在西安。

· ⌒ W-14-02

Zhe ge jiaqi ni hui Hanguo haishi zai Zhongguo?

린하이　这个假期你回韩国还是在中国?

Hui Hanguo. Ni quguo Hanguo ma?

우림　回韩国。　你去过韩国吗?

Mei qu guo. Tingshuo Hanguo you yi ge hen meili de dao.

린하이　没去过。　听说韩国有一个很美丽的岛。

Ni shuo de shi Jizhoudao ba?

우림　你说的是济州岛吧?

Dui! Ni qu guo ma?

린하이   对！你去过吗？ _____

Qunian qu guo. Nar de fengjing tebie mei.

우림   去年去过。   那儿的风景特别美。

_____

Wo ye xiang qu.

린하이   我也想去。 _____

Ruguo ni lai Hanguo, wo yiding dai ni qu.

우림   如果你来韩国，   我一定带你去。

_____

Zhende ma? Na tai hao le!

린하이   真的吗？   那太好了！ _____

(어법 압축 파일) 본문의 어법 내용을 간단히 정리해 보세요.

1 선택의문문

선택의문문이란 「A_____B? 'A입니까, 아니면 B입니까?'」의 형식으로 쓰여 선택하여 답하기를 요구하는 의문문이다.

그는 중국인입니까, 아니면 일본인입니까?　　　→　他是中国人_____日本人?

2 개사 离

'离'는 '~에서(부터)'라는 의미로 공간이나 시간에 있어서 두 지점 사이의 _____ 나 _____를 계산하는 기준점을 나타낸다.

학교는 우리 집에서 멀지 않습니다.　　　→　学校_____我家不远。

3 从 A 到 B

「从 A 到 B」는 'A에서 B까지'라는 의미로, 시간이나 장소의 범위를 설정하여 '从 A'는 _____을, '到 B'는 _____을 나타낸다.

나는 9시에서 12시까지 수업입니다.　　　→　我_____上课。

가볍게 실력을 체크해 보세요.

1 단어 빈칸을 알맞게 채워 넣어 보세요.

한자	병음	뜻
打算	dǎsuan	
火车		기차
	fēijī	비행기
值得		~할 만한 가치가 있다
	shǔjià	여름 휴가, 여름 방학
如果		만약, 만일
还是	háishi	
	kěshì	그러나, 하지만

2 듣기 녹음을 듣고 보기에서 알맞은 대답을 골라 보세요. 🎧 W-14-03

ⓐ 真的吗? 我很想去。　　ⓑ 从这儿到北京坐火车得二十多个小时。

ⓒ 我打算去首尔旅行。　　ⓓ 我们坐出租车去。

(1) _____　　(2) _____

(3) _____　　(4) _____

3 어법

(1) **알맞은 단어를 선택해 문장을 완성해 보세요.**

① 听说(□离 / □从)星期一到星期三一直下雨。

② 邮局(□离 / □从)这儿不远。

③ 坐火车去(□也是 / □还是)坐飞机去?

④ 我(□不 / □没)去过韩国。

(2) **주어진 단어를 알맞게 배열하여 문장을 완성해 보세요.**

① 西安，旅行，打算，去　　　→ 我_____。

② 有，韩国，很美丽的岛，一个　→ 听说_____。

③ 美，特别，风景　　　　　　　→ 那儿的_____。

④ 打算，我，回韩国，坐，飞机　→ 这个假期_____。

4 독해 **중국어 문장을 해석해 보세요.**

(1) 这个假期我打算回家。我家在济州岛，离这儿很远。我坐飞机去。

→ _____

(2) 我有一个中国朋友。他后天来韩国。我打算带他去很多地方。

→ _____

5 작문

(1) **주어진 단어를 사전에서 찾아 병음과 뜻을 적어 보세요.**

한자	병음	뜻
船		
考试		
西瓜		

(2) **(1)의 단어를 이용하여 주어진 문장을 중국어로 옮겨 보세요.**

① 나는 배를 타고 제주도에 갈 예정이다.

→ _____

② 오늘부터 모레까지 시험이 있다.

→ _____

③ 너는 수박 먹는 걸 좋아하니, 아니면 바나나 먹는 걸 좋아하니?

→ _____

다락원 홈페이지에서 MP3 파일
다운로드 및 실시간 재생 서비스

최신개정
다락원 중국어 마스터 STEP**1**
•**워크북**•

지은이 박정구, 백은희
펴낸이 정규도
펴낸곳 (주)다락원

기획·편집 김혜민, 이상윤
디자인 김교빈, 김나경, 최영란
일러스트 정민영, 최석현
사진 Shutterstock

다락원 경기도 파주시 문발로 211
전화 (02)736-2031 (내선 250~252 / 내선 430, 431)
팩스 (02)732-2037
출판등록 1977년 9월 16일 제406-2008-000007호

ISBN 978-89-277-2288-5 14720
        978-89-277-2287-8 (set)

www.darakwon.co.kr
다락원 홈페이지를 방문하시면 상세한 출판 정보와 함께 동영상 강좌, MP3 자료 등 다양한 어학 정보를 얻으실 수 있습니다.